『지식은 내 친구』 세상을 더 넓게, 더 깊이!
세상의 모든 지식을 내 친구처럼 가깝게 만나 보세요.

페터 볼레벤

전 세계에서 큰 인기를 누리는 생태 작가로, 나무의 언어를 풀어내는 나무 통역사, 숲 생태계의 신비함을 전하는 숲 해설가로 불립니다. 1964년에 독일 본에서 태어나 로텐부르크 임업대학을 졸업하고 20년 넘게 라인란트팔츠주의 산림과 공무원으로 일했습니다. 그 후 독일 중서부 휨멜 조합의 산림경영지도원으로 활동하며 농약을 쓰지 않고 기계 대신 말이나 사람의 손을 이용해 산림을 관리하는 친환경적 산림 경영을 실천하였습니다. 텔레비전과 라디오 등 다양한 매체와 강연, 세미나, 저서를 통해 동식물의 신비롭고 놀라운 삶과 숲 생태계 회복을 힘주어 말합니다. 《나무의 말이 들리나요?》는 볼레벤이 쓴 첫 어린이책으로, 20년 전부터 숲학교를 운영하면서 어린이들이 궁금해하는 질문들을 모아 숲과 나무에 대해서 흥미롭게 들려줍니다.

장혜경

연세대학교 독어독문학과를 졸업하고 같은 학교 대학원에서 박사 과정을 수료했으며, 독일 학술 교류처 장학생으로 하노버에서 공부했습니다. 전문 번역가로 활동하며 《나무수업》, 《숲 사용 설명서》, 《상식과 교양으로 읽는 유럽의 역사》 등 여러 문학, 인문 교양서를 우리말로 옮겼습니다.

지식은 내 친구 018

나무의 말이 들리나요?

초판 2쇄 2023년 12월 20일 | **초판 1쇄** 2020년 6월 15일
지음 페터 볼레벤 | **옮김** 장혜경
펴낸이 박강희 | **펴낸곳** 논장 | **등록** 제10-172호 · 1987년 12월 18일
주소 10881 경기도 파주시 회동길 329 **전화** 031-955-9164 **전송** 031-955-9167
ISBN 978-89-8414-364-7 73400

Hörst du, wie die Bäume sprechen? Eine kleine Entdeckungsreise durch den Wald
ⓒ Verlag Friedrich Oetinger, Hamburg 2017 published by agreement with Verlag Friedrich Oetinger.
Korean translation copyright ⓒ 2020 by Nonjnag Publishing Co.
Korean language edition arranged through
Agency Chang, Daejeon, Verlag Friedrich Oetinger, Hamburg.

이 책의 한국어판 저작권은 에이전시 창을 통해 독일 외팅거 출판사와 독점 계약한 논장에 있습니다.
저작권법에 의해 한국 내에서 보호를 받는 저작물이므로 무단 전재와 복제를 금합니다.

- 책값은 뒤표지에 있습니다.
- 잘못 만들어진 책은 구입하신 서점에서 바꾸어 드립니다.

이 도서의 국립중앙도서관 출판예정도서목록(CIP)은 서지정보유통지원시스템 홈페이지(http://seoji.nl.go.kr)와
국가자료공동목록시스템(http://www.nl.go.kr)에서 이용하실 수 있습니다.(CIP제어번호: CIP2020021243)

PETER WOHLLEBEN

나무의 말이 들리나요?

숲으로 떠나는 작은 발견 여행

페터 볼레벤 지음 | 장혜경 옮김

논장

차례

우리 모두 숲으로 떠나요! 6

8 나무가 살아가는 법

나무는 어떻게 숨을 쉴까요? 10
굵은 나무가 다시 가늘어질 수도 있나요? 12
나무도 여드름이 생기나요? 14
나무는 어떻게 서 있을까요? 16

18 숲속의 가족

나무는 어떻게 아기를 만들까요? 20
나무 가족도 할머니와 할아버지가 계시나요? 22
아기 나무는 학교에서 무엇을 배울까요? 24
모든 동물이 가족과 함께 사나요? 26

28 숲속의 수다

나무도 말을 할 수 있나요? 30
숲에도 인터넷이 깔려 있나요? 32
새들은 무슨 말을 할까요? 34
야생 고양이와 사슴은 어떻게 이야기할까요? 36

38 나무마다 제각각

나무는 무엇이 무서울까요? 40
혼자 사는 게 더 좋은가요? 42
용감한 나무가 있나요? 44
어떤 나무가 최고 기록을 세웠을까요? 46

48 나무는 목이 많이 타요

나무는 어떻게 물을 마실까요? 50
숲이 비를 부를 수 있나요? 52
숲은 어떻게 물을 깨끗하게 만들까요? 54
산불은 왜 나요? 56

58 나무와 그 이웃들

떨기나무는 왜 키가 작은가요? 60
누가 더 높이 오를까요? 62
숲에 노루가 몇 마리 살까요? 64
왜 숲에는 꽃이 많지 않은가요? 66

68 숲속 동물은 어떻게 사나요?
맨 꼭대기에는 누가 사나요? **70**
나뭇잎에 누가 지나갔나요? **72**
누가 어둠 속에서 살까요? **74**
노루와 멧돼지는 어찌 사나요? **76**

78 숲속의 재주꾼
동물도 학교에 다니나요? **80**
곤충은 얼마나 똑똑할까요? **82**
숲속 최고의 탐정은 누구일까요? **84**
어떤 동물이 가축을 칠까요? **86**

88 숲에도 환자가 있어요
왜 나무에서 버섯이 자랄까요? **90**
나무는 왜 아플까요? **92**
동물이 아프다는 걸 무엇을 보면 알 수 있을까요? **94**
숲에 들어갈 때는 어떤 것을 조심해야 할까요? **96**

98 숲의 계절
봄이 왔다는 것을 나무는 어떻게 알까요? **100**
여름에는 나무도 땀을 흘리나요? **102**
가을에는 왜 나무가 잎을 버리나요? **104**
겨울에 나무와 동물들은 무엇을 먹고 사나요? **106**

108 숲과 우리
나무는 어디에 필요할까요? **110**
왜 동물들은 인간을 무서워할까요? **112**
늑대는 위험한가요? **114**
숲은 누구의 것일까요? **116**

118 도시에 사는 나무와 동물들
왜 도시에는 나무가 필요할까요? **120**
나무는 왜 개를 싫어할까요? **122**
밤이 되면 나무는 무엇을 할까요? **124**
도시에는 어떤 동물이 살까요? **126**

사진 출처 **128**

우리 모두 숲으로 떠나요!

지난 26년 동안 아저씨는 여러 어린이들과 함께 숲 체험을 했어요. 숲에 나무가 빽빽히 들어찼다고 해서, 숲 체험이 나무의 이름이나 나무들의 차이점만 설명하고 끝난다면 너무 지루하겠죠. 나뭇가지를 깨물어 어떤 맛이 나는지 직접 느껴 본다면 훨씬 재미있지 않을까요? 숲의 인터넷을 구경하는 건 어떨까요? 숲에도 인터넷이 있거든요. 나무들은 그 인터넷을 통해 서로 소식을 주고받는답니다. 나무는 또 가족끼리 모여 살면서 힘들 때 서로 도와주고 숫자도 셀 줄 알아요. 정말이냐고요? 믿기지 않겠지만 진짜예요. 숲은 그냥 나무가 모여 사는 장소가 아니에요. 훨씬 재미나고 즐거운 일이 벌어지는 곳이랍니다. 여러분도 이 책을 읽으면 즐거운 숲 체험에 함께 참여할 수 있어요. 자, 떠나 볼까요?

숲 체험에 동물이 빠지면 안 되겠죠? 멧돼지는 어떻게 살까요? 숲에서 멧돼지를 만나면 위험할까요? 동물 아기들도 학교에 다닐까요?

체험은 즐겁고 수수께끼는 재미나지요. 그래서 여러분이 직접 따라 해 볼 수 있는 여러 가지 체험을 소개하고 수수께끼도 낼 거예요. 또 멀리 아프리카나 아메리카로 여행을 떠나기도 할 것이고 도시로 나가 보기도 할 거예요. 도시에도 우리가 생각했던 것보다 훨씬 많은 동물과 나무가 살고 있거든요. 많은 생물종이 도시에서 행복하게 살기 때문에 도시에서도 나무와 동물을 만나 볼 수 있어요.

이 책을 쓰면서 정말 즐거웠답니다. 특히 책에 실릴 사진을 찍는 날은 진짜 재미있었어요. 엘리아스, 요나단, 넬레, 미아, 핀, 미코, 로미, 소피, 얀. 모두들 아저씨와 함께 많은 체험을 했고 많이 웃었어요. 이 책을 끝까지 다 읽고 여기에서 소개한 갖가지 체험을 다 따라 해 보세요. 그러고 나서도 직접 숲에 들어가면 재미난 일이 더 많을 거예요. 나무에 숨을 불어 비눗방울이 나오자 로미는 나무를 좋아하게 되었지요. 그래서 집에 가져가겠다고 나뭇조각을 모았어요.

숲에 가면 매일 새로운 것을 발견할 수 있어요.
숲에서 사는 나 같은 숲지기 아저씨도 하루하루가 새롭거든요.
자, 여러분도 이 책을 읽으며 아저씨랑 같이 숲으로 떠나 보아요!

이 책에서는 숲에서 할 수 있는 여러 가지 체험과 탐험을 소개할 거예요. 하지만 절대 어린이들끼리만 숲에 들어가면 안 돼요. 꼭 어른과 함께 가야 해요. 불이 위험하다는 것은 다들 알죠? 알레르기가 있다면 아무것도 입에 넣거나 먹지 않아야 해요.

나무가 살아가는 법

나무는 몸집이 아주 커다래요. 나무도 우리랑 똑같이 서로 다른 여러 부분으로 이루어져 있답니다. 예를 들어 나무도 뼈와 혈관과 피부 같은 것을 가지고 있지요. 나무는 실제로 어떻게 공기를 마시고 내보내는 일을 되풀이하는 걸까요?

나무는 어떻게 숨을 쉴까요?

잎은 정말 소중해요. 잎이 있어야 나무가 음식을 준비할 수 있거든요. 나무는 늘 배가 고프지만, 그럴 때마다 잎을 펼쳐 햇빛을 받기만 하면 든든하게 배를 채울 수 있답니다.

낙엽송은 가을이 되면 활엽수처럼 잎이 노랗게 변해요.

잎이 물과 공기를 모아 섞어요. 그러면 당분이 만들어져요. 당분은 생명체에 에너지를 공급하는 아주 중요한 영양소이지요. 이렇게 소중한 당분을 만들려면 나무가 힘이 있어야 하는데, 그 힘은 바로 빛이 선물해 준답니다. 잠깐만요, 나뭇잎이 공기를 모은다고요? 그럼 나뭇잎도 우리처럼 숨을 쉴 수 있나요?

네, 맞아요. 나뭇잎도 숨을 들이쉬었다 내쉬어요. 우리하고 똑같이 입으로 그렇게 해요. 나무의 입은 사람의 입하고 정말로 닮았어요. 그 입을 벌렸다 다물었다 하지요. 물론 한 가지 우리하고 다른 점은 나무의 입은 한 개가 아니고 수천 개라는 점이에요. 그 많은 입은 크기가 너무너무 작고, 잎의 밑바닥에 붙어 있어요. 날씨가 많이 건조하고 더우면 나뭇잎들이 이 입을 다물어요. 숨을 쉴 때마다 수분이 빠져나가니까요. 우리도 똑같아요. 창문에 입을 대고 숨을 뿜어 보면 알죠. 유리창이 우리 숨결에서 나온 수증기로 뿌옇게 덮일걸요. 우리는 입을 다물면 코로 숨을 쉴 수 있지요. 나무도 똑같아요. 공기가 건조할 때는 수분을 지키려고 입을 다물지만, 그래도 숨이 막히는 일은 없답니다. 껍질이나 뿌리로도 얼마든지 숨을 쉴 수가 있거든요.

나뭇잎의 윗면은 끈끈한 왁스층으로 덮여 있어요. 그래서 많은 나뭇잎의 윗면이 반짝반짝 빛이 나요. 나뭇잎은 윗면으로 햇빛을 받는데, 나뭇잎이 너무 얇아서

현미경으로 보면 나무의 입은 이렇게 생겼어요.

자칫 말라 버릴까 봐 그걸 막으려고 왁스를 덮어서 수분이 빠져나가지 않게 막는 거예요.

잎 모양은 나무의 종에 따라 달라요. 잎 가장자리가 톱날처럼 뾰족한 것도 있고, 가장자리가 물결처럼 구불구불한 것도 있어요. 침엽수와 활엽수는 잎 모양이 아주 많이 달라요. 활엽수는 잎이 크고 넓어요. 침엽수의 잎은 가늘고 길며 뾰쪽한 침처럼 생겼고요. 손에 닿으면 따끔하니 아픈 것도 많아요. 노루나 사슴이 잎을 따 먹을까 봐 일부러 뾰족하게 만들었답니다.

활엽수는 겨울이 되면 잎을 다 떨어뜨리지만 침엽수의 잎은 겨울 내내 가지에 매달려 있어요. 침엽수의 고향이 매우 추운 곳이라 겨울이 길고 여름은 아주 짧기 때문에 잎을 매달고 있는 것이 좋기 때문이지요. 그래야 날이 따뜻해지면 곧바로 일을 시작할 수 있으니까요. 새잎을 만들려면 시간이 걸리는데 그사이에 짧은 여름이 훌쩍 지나가 버리면 큰일이거든요. 나무는 따뜻한 계절 동안 잎으로 광합성을 해서 당분을 만들고 그 영양소를 뿌리로 옮기며 쑥쑥 자라니까요. 당분도 제대로 만들지 못하고 여름이 가고 추위가 오면 나무는 굶어 죽고 말 거예요.

잎은 매우 예민해서 추위를 싫어해요. 참나무나 너도밤나무 같은 활엽수의 잎은 추위가 닥치면 얼어 버릴지도 몰라요. 그래서 활엽수들은 겨울이 오기 전에 잎을 다 떨어뜨려요. 가문비나무 같은 침엽수들은 잎에 기름이 들어 있어서 활엽수처럼 금방 얼지 않지요.

그런데 침엽수면서 활엽수처럼 구는 나무가 하나 있어요. 주인공은 바로 낙엽송이에요. 낙엽송은 가을이 되면 단풍이 들고 잎을 모두 떨어뜨리죠. 그래서 겨울에 이 나무를 본 사람들은 나무가 죽었다고 생각하기 쉬워요. 하지만 알고 보면 낙엽송이 겨울 내내 쿨쿨 단잠에 빠져 있는 거예요.

숲-정보

너도밤나무

너도밤나무는 별명이 "숲의 어머니"예요. 인간이 손을 대지 않는다면 아마 숲에는 너도밤나무만 빼곡할 거예요.
너도밤나무 껍질은 은회색이고 반질반질해요. 너도밤나무는 오래 살면 400살까지도 사는데 200살 정도까지는 그렇게 껍질이 매끈하답니다. 200살이 지나면 늙어서 주름살이 생겨요. 너무 웃어서 생기는지, 너무 찡그려서 생기는지는 모르지만 많은 동물이 그 주름살 덕을 톡톡히 보지요. 중간오색딱따구리도 그중 하나예요. 녀석은 젊은 너도밤나무의 껍질은 너무 매끈해서 붙잡고 있기 힘드니까 나이를 먹어 나무껍질이 거칠거칠해져야 찾아오거든요.
너도밤나무는 3년에서 5년에 한 번씩 꽃을 피워요. 꽃이 지고 나면 열매가 맺히는데, 열매의 껍질은 작은 가시가 송송 박혀 있지만 속은 부드러워요. 그래서 그 열매로 재미난 숲속 친구들을 만들 수 있어요.

Quiz 퀴즈

누가 누가 더 잎이 많을까요?

🍃 독일가문비나무   🍃 너도밤나무

정답: 독일가문비나무. 너도밤나무가 평균 한 20만 개가 있는 것에 비하여 가지에 달린 잎은 맨눈으로 셀 때 어렵고, 맨눈에 맺히는 잎은 평균 한 2천만 개예요. 잎이 수가 훨씬 많지요.

굵은 나무가 다시 가늘어질 수도 있나요?

다 자란 어른 나무는 무게가 엄청 나가요. 자동차 5대를 합한 것보다 더 무거운 나무도 있어요. 그 무게를 받치며 부러지지 않고 버티려면 아주 튼튼한 나무줄기가 필요하겠죠?

그래서 나무는 속에 목질을 만들어요. 목질은 우리의 뼈하고 비슷하기 때문에 목질을 나무의 뼈라고 불러도 좋아요. 뼈가 없으면 우리 몸은 고무 인형처럼 흐물흐물 일어설 수 없을 거예요. 나무도 마찬가지여서 목질이 없으면 서 있을 수가 없어요. 목질은 워낙 단단하기 때문에 아무리 크고 우람한 나무도 떠받칠 수 있어요.

나무를 톱으로 썰어서 안을 살펴보면 목질에 둥근 나이테가 나 있을 거예요. 나무줄기가 두꺼워지는 것은 해마다 나무껍질 밑에서 테가 하나씩 생기기 때문이에요. 그러니까 이 테를 세어 보면 나무의 나이를 알 수 있어요. 가장자리에서 맨 안쪽까지 테를 세어 보세요. 아기 나무가 1년 동안 건강하게 자라서 돌잔치를 할 때면 나무줄기에는 나이테가 1개 생겨요. 나무의 두께는 맨 안쪽에 있는 첫 나이테만큼 두꺼워지고요. 물론 살아 있는 나무의 나이는 알 수가 없지요. 테를 세려면 나무를 톱으로 베어야 하는데, 그럼 그 나무는 벌써 죽었을 테니까요.

따라 해 보세요!

자작나무 토막 하나를 골라 보세요. 땔감용으로 잘라 놓은 자작나무 토막이 제일 좋아요. 우리 집에 없으면 친구한테 물어보세요. 혹시 벽난로를 쓰는 집이라면 땔감으로 많이 사용하는 자작나무 토막이 있을지도 몰라요. 자작나무인지는 어떻게 아느냐고요? 껍질에 흰색과 검은색이 섞여 있으면 그게 바로 자작나무예요. 토막 한쪽 끝에 세제를 바르세요. 그리고 반대편에 입술을 딱 붙이고 힘껏 불면 세제를 바른 면에서 비누 거품이 방울방울 일어날 거예요. 우리의 숨이 나무의 물관을 타고 흘러서 세제에 닿으면 거기서 거품이 생기는 거죠.

이 나무의 나이는 몇 살일까요?
(가장자리에서 안쪽까지) 나이테를 세어 보세요.

🍃 10살　🍃 20살　🍃 30살

정답: 20살

한번 자란 목질은 절대 없어지지 않아요. 나무줄기 안에 든 것은 변하지 않죠. 나무줄기는 맨 바깥쪽에 있는 껍질과 목질 사이에서만 성장을 하기 때문이에요. 그러니까 나무는 날이 갈수록 자꾸 굵어지지 가늘어지는 일은 없어요. 나무줄기가 두툼해지는 것은 정말 다행이에요. 나무는 자꾸 위로 자라고 무게도 늘어나거든요. 그 무게를 받치려면 줄기가 두꺼워야 해요. 우리 인간도 어른이 아이보다 몸집이 크잖아요. 나무도 똑같아요.

나무가 우리랑 닮은 점이 하나 더 있어요. 나무의 몸에도 긴 관이 있어요. 우리 몸의 혈관에는 피가 흐르지만 나무의 관에는 피 대신 물이 흘러요. 그 물관을 타고 뿌리에서 올라온 물이 수관으로 가는 거예요. 물관은 아주 작은 관이에요. 나무토막을 자세히 살펴보면 나이테에서 작은 구멍처럼 생긴 물관을 찾을 수 있을 거예요. 물은 바깥쪽 나이테에서만 흘러요. 그래서 나무가 열심히 일하는 여름에 나무줄기를 만져 보면 껍질 아래쪽이 촉촉하답니다. 하지만 더 안쪽으로 들어가면 물기가 없어져요. 그 안쪽에선 아무 일도 일어나지 않거든요. 거기는 아무 느낌이 없기 때문에 목질 안쪽이 썩어도 나무는 아무 문제 없이 살 수 있어요. 목질이 썩어서 큰 동굴이 생길 수도 있지요. 나중에 보면 줄기가 큰 난로 연통같이 되는 경우도 있어요. 그래도 나무는 튼튼하답니다.

그런데 왜 나무는 줄기가 필요할까요? 뿌리에서 바로 수관이 자랄 수도 있는데. 그건 바로, 나무가 다른 식물들보다 크게 자라기 위해서예요. 나무줄기 덕분에 나무는 햇빛을 서로 차지하려는 식물들의 경쟁에서 이길 수 있지요. 줄기가 없으면 나무가 아니고 관목이에요. 관목은 사람보다 키가 작은 나무를 말하는데, 줄기가 없거든요. 나무는 세상에서 제일 키가 큰 식물이기 때문에 다른 식물을 무서워하지 않아요. 다른 식물이 먼저 자라서 나무를 덮어 버릴 일은 없지요. 하지만 다른 종의 나무는 무서워해요. 참나무가 왜 무서워 벌벌 떠는지 궁금하죠? 그 이야기는 잠시 후에 들려줄게요.

키 큰 너도밤나무는 수관의 무게를 견디려고 줄기를 두껍게 키운답니다.
수관(樹冠)은 가지와 잎이 무성한, 나무의 윗부분을 말해요.

나무도 여드름이 생기나요?

건강한 목질은 촉촉이 젖어 있어요. 뜨거운 여름에 강렬한 햇볕이 줄기에 내리쬐어도 나무는 말라 죽지 않아요. 껍질이 목질을 덮고 있기 때문이지요. 나무껍질은 나무의 피부예요.

나무의 여드름은 이렇게 생겼어요. 예전에 가지가 자라던 자리랍니다.

피부가 우리 몸을 보호하는 것처럼 나무껍질은 나무를 보호해요. 피부에 생채기가 나면 피가 나듯 나무껍질이 망가지면 물이 흘러요. 그러니 괜히 나무를 긁어 상처를 내지 마세요.

나무는 종에 따라 껍질 모양이 조금씩 달라요. 너도밤나무는 피부가 매끈하지만 참나무는 매우 거칠고 주름이 많답니다. 껍질의 모양은 나무의 나이에 따라 달라지기도 해요. 이것도 우리 인간들이랑 비슷하지요. 어린이들은 피부가 매끈하고 주름이 없지만 할머니나 할아버지처럼 연세가 드신 분들은 주름이 쪼글쪼글하잖아요. 눈가주름은 웃어서 생긴 주름이에요. 웃으면 뺨이 위로 올라가면서 피부가 살짝 접히니까요. 나무도 웃을까요? 그건 잘 모르겠지만 어쨌든 나무도 늙으면 주름이 생겨요. 너도밤나무도 나이가 들면 매끈하던 줄기가 갈라지고 주름이 생기지요. 하지만 그건 200살을 훌쩍 넘긴 다음에나 일어나는

따라 해 보세요!

여러 가지 종의 나무껍질로 나무껍질 수집 책을 만들 수 있어요. 종이와 크레용을 준비하세요. 한 손으로 종이를 잡고 나무껍질에 갖다 댑니다. 다른 손으로 힘주어 크레용을 종이에 문질러 봐요. 그럼 종이에 껍질 모양이 그려지겠지요. 나무마다 껍질 모양이 다를 테니까 모두 모으면 멋진 나무껍질 앨범이 될 거예요.

일이에요. 참나무는 훨씬 일찍부터 주름이 생기는데, 겨우 20살만 되어도 주름이 깊게 패어요.

껍질에 그런 주름이 생기는 이유는 나무가 해마다 조금씩 굵어지기 때문이에요. 나무줄기는 자꾸 굵어지는데 줄기를 감싼 껍질이 따라 자라지 못하면 작은 셔츠를 억지로 껴입었을 때처럼 껍질이 찢어져 버리죠. 그런 일이 일어나지 않게 나무는 나이테에 맞추어 껍질을 함께 키우지만 맨 바깥쪽의 오래된 껍질은 이미 죽었기 때문에 함께 성장할 수가 없어요. 그래서 갈라지면서 나무에 주름이 생기지요.

모든 피부에서는 각질이 떨어져요. 우리 피부도 마찬가지예요. 수천 개의 작은 피부 조각이 매일 우리 팔과 다리, 머리와 배에서 떨어지지요. 피부가 계속 자라기 때문이에요. 나무도 우리와 다르지 않아요. 나무들 중에서도 특히 껍질 조각이 많이 떨어지는 나무종이 있어요. 그런 나무의 줄기는 방금 생긴 껍질만 남아 있기 때문에 아주 매끈하답니다. 너도밤나무와 독일가문비나무가 바로 그런 종이에요. 참나무와 소나무는 해묵은 껍질을 잘 버리지 않기 때문에 오래된 껍질층이 줄기에 제법 두껍게 남아 있어요. 그러다 보니 목질이 자랄 공간이 부족해서 껍질이 터지게 되고 깊은 주름이 잡히죠. 그러니까 주름은 나무의 나이하고도 상관이 있지만 나무종하고도 상관이 있답니다.

살다 보면 나무껍질에 흉터가 생겨요. 그 흉터를 보면 나무가 무슨 일을 겪었는지 알 수 있어요. 가장 자주 보는 흉터는 가지가 떨어져 나가고 남은 자국이에요. 죽은 가지가 떨어지면서 생긴 구멍을 나무가 새 목질과 껍질로 메운 것이죠. 그럼 껍질에 타원형 흉터가 남게 돼요. 여드름처럼 보이는 이런 줄기의 흉터를 옹이라고 부른답니다. 옹이의 길이를 보면 죽은 가지가 얼마나 두꺼웠는지 알 수 있어요. 가지의 두께는 바로 옹이 길이의 절반이었어요.

너도밤나무에는 하얀 것으로 덮인 흉터가 많아요. 그 하얀 것은 곰팡이처럼 생겼지만 알고 보면 양처럼 몸에 털이 보송보송한 작은 벌레랍니다. 그 녀석이 나무의 수액을 빨아 먹으면서 그곳 껍질에 상처를 내기 때문에 껍질에 흉터가 남는 것이지요.

퀴즈

요즘도 나무껍질에 자기 이름을 쓰는 사람들이 많아요. 나무가 자라면 이 이름은 어떻게 될까요?

- 나무가 자라는 만큼 위로 올라가요.
- 그 자리에 그대로 있어요.

정답: 그 자리에 그대로 있어요. 나무껍질 안쪽의 형성층에서 나이테와 새 껍질을 만들며 자라기 때문에 나무는 두꺼워지기만 할 뿐 위로 올라가지는 않아요. 상처도 그 자리에 남아 있지요. 하지만 나무는 상처를 아물게 하려고 그 부위에 계속 새로운 껍질을 만들어요.

나무는 어떻게 서 있을까요?

우리는 가지와 잔가지를 매단 줄기를 나무라고 불러요. 그 가지에선 잎이 자라나지요. 하지만 우리가 나무를 볼 때 미처 보지 못하는 것이 있어요. 사실 알고 보면 뿌리가 맨 먼저예요. 나무에서 가장 먼저 자라는 것이 뿌리거든요.

쓰러진 나무예요. 가느다란 뿌리털이 보이죠? 이 뿌리털이 땅속 깊은 곳으로 뻗어 나가서 물을 빨아들인답니다.

씨앗에서 싹이 트자마자 뾰족한 것이 자라 나와 땅속으로 뻗어 가요. 더듬더듬 앞으로 나아가며 제일 잘 자랄 수 있는 곳을 찾지요. 뿌리가 제일 좋아하는 곳은 부드럽고 물기가 많은 땅이랍니다. 그런 곳에서는 뿌리가 멀리멀리 뻗어 나갈 수 있어요. 뿌리가 제일 좋아하는 일은 물 마시기예요. 뿌리에는 아주 가는 뿌리털이 많이 달려 있어 뿌리털로 물을 한껏 빨아들인답니다. 뜨거운 여름에는 아무리 열심히 물을 빨아들여도 나무의 갈증은 계속되어요. 뿌리가 길어 나르는 물보다 더 많은 물이 필요하거든요. 그럴 때는 버섯의 도움을 받는답니다. 버섯은 뿌리 주변을 솜처럼 감싸면서 자라는데, 솜은 물을 잘 빨아들이니까 둘이서 힘을 합치면 훨씬 많은 물을 길어 올릴 수가 있거든요. 버섯은 자라면서 뿌리 안쪽으로 밀고 들어가기 때문에 뿌리와 단단히 붙어 있어요. 혹시 뿌리가 아프지 않을까 걱정할 수도 있지만 그렇지 않아요. 오히려 버섯이 있어서 얼마나 좋은지 몰라요. 버섯은 나무에게 여러 가지 도움을 주거든요. 뿌리가 잘 자랄 수 있도록 도와주는데, 뿌리가 어떤 길로 나아가면 제일 좋은지 가르쳐 주지요.

나무가 나이가 들면 줄기도 두꺼워지고 뿌리도 두꺼워져요. 그럼 어릴 때와 달리 뿌리가 가지처럼 딱딱해지죠. 그렇지 않으면 무거운 줄기와 큰 수관을 받치고 서 있을 수가 없으니까요. 바람이 안 불 때는 서 있기가 힘들지 않아요. 우리가 두 발로 땅을 딛고 서 있듯이 나무도 가만히 서 있을 수 있지요. 우리가 허리를 쭉 펴고 좋은 자세로 서 있으면 오래 서 있을 수 있듯이 나무도 줄기가 곧으면 편안하게 서 있을 수 있어요. 그렇지만 가만히 살펴보면 곧게 자라지 못한 나무가 참 많아요.

그런 나무는 자라면서 몸이 무거워지면 넘어지기가 쉬워요. 그래서 기울어진 나무는 줄기 가까운 곳의 뿌리가 더 빨리 두꺼워진답니다. 그래야 줄기를 받칠 수 있을 테니까요. 마치 우리가 한쪽 다리를 뒤로 빼고 서 있는 것 같은 모습이에요. 우리도 그렇게 서 있으면 더 단단히 서 있을 수 있잖아요.

젖은 발

나무는 대부분 발이 축축하면 아주 질색해요. 뿌리가 우리처럼 숨을 쉬어야 하는데 못 쉬니까요. 그래서 땅에 물이 너무 많으면 뿌리가 땅속으로 들어가지 못하고 땅 밑에 납작하게 엎드리거나 아예 밖으로 튀어나오기도 해요. 그럼 숨을 잘 쉴 수 있으니까요. 하지만 그러면 땅속 깊이 뿌리를 내릴 수가 없어서 나무가 무게를 잘 버틸 수 없어요. 거센 바람이 불면 금방 넘어져 버리겠죠.

태풍이 불 때는 거센 바람이 나무를 마구 잡아 흔들어요. 자동차 5대가 나무를 잡아당기는 것만큼 충격이 크다고 해요. 그래도 뿌리가 튼튼하면 두꺼운 밧줄처럼 나무를 꽉 잡아 줄 수 있어요. 천막 끈이 천막을 꽉 붙들어 주는 것과 비슷하지요. 물론 뿌리는 천막 끈보다 훨씬 더 큰 충격에도 꿋꿋하게 버틸 수 있어요.

뿌리에는 나무가 겨울에 먹고 살 식량, 당분 같은 것도 저장되어 있어요. 특히 당분은 이듬해 봄에 새잎을 틔울 때 꼭 필요한 양분이에요.

톱으로 베어 버린 나무의 그루터기를 보아도 뿌리가 얼마나 중요한지 알 수 있어요. 사실 뿌리는 나무의 제일 중요한 부분이에요. 윗부분을 베어도 그루터기에서 새 줄기가 자라나서 큰 나무로 성장할 때도 있거든요. 뿌리는 상하지 않고 그대로 있으니까요. 그럼 그 나무는 윗부분만 새로 자랐을 뿐이고 원래는 베어 버린 옛날 나무인 거죠.

그런데 알고 보면 뿌리는 매우 예민한 기관이에요. 사람이 밟으면 몹시 싫어해요. 그러니 무거운 차가 자기 몸을 깔고 지나가면 정말로 괴롭겠죠? 뿌리가 짓이겨져서 상처가 생길 테고, 그 상처에 병균이 들어오면 점점 번져서 줄기까지 썩어 들어갈 거예요. 그럼 나무가 오래 살지 못하고 죽어 버려요.

퀴즈

집 마당에 심으려고 나무를 사 왔다면 뿌리를 잘 보호해 주어야 해요. 뿌리가 마르면 안 되거든요. 뿌리가 흙에 덮이지 않은 상태로는 공기 중에서 얼마나 오래 버틸 수 있을까요?

🍃 10분   🍃 2시간

정답: 10분. 나무의 잔뿌리는 굉장히 예민해서 바깥에 이미 상처가 나 있습니다. 그러니까 마른 공기에 노출되면 금세 말라서 죽어 버려요.

숲 속의 가족

많은 동물이 우리처럼 가족이 한데
모여 살아요. 그럼 나무는 어떨까요?
엄마 나무는 아기 나무를 어떻게 찾을까요?
삼촌, 이모, 할머니랑은 어떻게 음식을
나누어 먹을까요?

나무는 어떻게 아기를 만들까요?

나무들도 우리처럼 가족이 모여 살아요. 가족을 이루려면 아이들도 있어야겠지요. 그래서 어른 나무들은 아기를 낳기 위해 열심히 노력해요. 나무에 꽃이 피면 우리도 나무의 아기를 볼 수 있답니다.

소나무가 힘차게 꽃가루를 뿜어내면 사방이 먼지에 휩싸인 것처럼 자욱해진답니다.

봄이 되면 나무 밑에 먼지가 자욱해서 조금만 걸어도 신발에 초록색, 노란색 먼지가 덮인답니다. 그 먼지는 수꽃의 꽃가루예요. 그 작은 입자가 암꽃에 내려앉으면 가루받이(수술의 꽃가루가 바람, 곤충, 새, 사람에 의해 암술머리에 옮겨 붙는 일)가 되지요. 나무는 암꽃의 위치를 정확히 알고서 그 목표를 향해 꽃가루를 뿌리는 게 아니에요. 수꽃이 꽃가루를 마구 뿌리면 그 꽃가루가 바람에 날려 이리저리 떠다니다가 암꽃을 만나는 거예요. 그러니까 꽃가루가 암꽃을 만나는 건 순전히 운에 달렸어요. 그래서 나무는 엄청나게 많은 꽃가루를 만들어 내요. 많이 뿌리면 그중에서 몇 개는 암꽃과 만날 수 있을 테니까요.

대부분의 나무 종은 암꽃과 수꽃이 같은 나무에서 피어요. 그런 나무를 암수한그루라고 불러요. 호랑버들처럼 암나무와 수나무가 따로 있는 '암수딴그루' 나무도 있지만 많지는 않아요.

암꽃이 꽃가루와 만나 가루받이가 되면 씨앗이 자라지요. 가을이 되면 그 씨앗이 익어서 땅에 떨어진답니다. 많은 동물이 그 맛난 씨앗을 먹으려고 열매가 땅에 떨어지기를 기다려요. 멧돼지는 너도밤나무 열매와 도토리를 너무너무 좋아해요. 그 안에 지방과 기름이 듬뿍 들어 있어서 많이 먹으면 두꺼운 비계를 만들 수 있거든요. 그럼 겨울에 먹을 것을 찾지 못해 며칠 굶어도 거뜬히 견딜 수 있지요.

엄마 아빠 나무는 씨앗을 먹어 치우는 동물들이 미울 거예요. 씨앗이 자라 아기 나무가 될 테니까요. 그래서 너도밤나무들은 서로 때를 정해 한꺼번에 꽃을 피운답니다. 너도밤나무들이 약속을 해서 몇 해 동안 씨앗을 만들지 않으면 많은 멧돼지가 겨울에 먹을 양식을 찾지 못해 굶어 죽어요. 그러다가 3~5년에 한 번 너도밤나무들이 동시에 꽃을 피워요. 그러면 한꺼번에 엄청나게 많은 열매가 땅에 떨어질 테지만, 살아남은 멧돼지가 많지 않기 때문에 그 열매를 다 먹어 치울 수는 없지요. 몇백 킬로미터 떨어진 나무들이 어떻게 약속을 하는지는 우리도 알지 못해요. 이 책을 읽다 보면 앞으로도 "우리도 알지 못한다."는 말을 자주 들을 거예요. 숲에는 우리가 미처 발견하지 못한 비밀이 엄청 많거든요.

엄마 너도밤나무와 참나무는 씨앗을 바로 자기 발밑에 떨어뜨려요. 그래서 가족이 오글오글 모여 산답니다. 하지만 나무들 중에는 외톨이도 많아요. 버드나무와 포플러와 자작나무는 혼자 사는 걸 더 좋아하지요. 자식들을 최대한 먼 곳으로 보내기 위해 크기가 작고 솜털이 달린 씨앗을 만들어요. 그러면 바람이 살짝만 불어도 몇 킬로미터쯤 금방 날아가 버려요. 단풍나무나 많은 침엽수의 씨앗은 바람을 타고 날아가기에는 너무 크고 무거워요. 그래서 이런 나무들은 다른 방법을 생각해 냈죠. 씨앗에 날개를 붙이는 거예요. 그러면 씨앗이 헬리콥터의 프로펠러처럼 공중에서 빙빙 돌겠지요. 그렇게 한참을 떠 있다가 강한 바람을 만나면 몇백 킬로미터쯤 문제없이 휘익 날아갈 수 있어요.

나무의 씨앗

나무가 날개나 솜털이 붙어 있지 않은 큰 씨앗을 만드는 이유는 엄마가 아가 나무를 곁에 두고 싶기 때문이에요. 아래 그림 중 위의 것은 너도밤나무 열매예요. 너도밤나무는 가족이 오글오글 모여 살아요. 아래 그림의 버드나무 씨앗처럼 프로펠러나 솜털이 달린 작은 씨앗은 엄마 나무에게서 멀리 떨어진 곳으로 날아가요. 이런 나무의 아기들은 가족이 없어도 홀로 씩씩하게 살 수 있답니다.

너도밤나무 열매

버드나무 씨앗

퀴즈

유럽 사시나무는 해마다 최대 몇 개의 씨앗을 만들까요?

🍃 5천 개   🍃 2천6백만 개

정답: 2천6백만 개. 씨앗이 엄청나게 작기 때문에 그렇게 많이 만들 수 있어요. 씨앗은 많이 만들수록 자리를 잡아서 싹을 틔울 수 있는 나무로 자랄 수 있는 확률이 높아지지요.

나무 가족도 할머니와 할아버지가 계시나요?

나무의 가족도 부모님이 계시고 형제자매가 있어요.
인간인 우리와 같지요. 더 많은 식구가 모여 사는 대가족은
삼촌도 있고 사촌도 있고 할머니, 할아버지도 계시죠.
그렇다면 나무는 누구랑 누가 친척일까요?

진짜 너도밤나무 친구는 이렇게 생겼어요. 딱 붙어 자라면서 서로를 많이 돕지요.

나무는 누가 친척인지 알아맞히기가 어려워요. 사람은 그냥 물어보면 되잖아요. 저 사람 누구야? 그럼 금방 대답이 돌아오겠지요. 또 가족끼리는 생김새가 많이 닮아서 딱 보기만 해도 가족인지 아닌지 알 수가 있고요.

나무는 서로를 알아보는 방법이 사람하고 달라요. 나무는 뿌리로 땅속을 더듬어 나가요. 나무뿌리는 우리 손가락보다 훨씬 예민하거든요. 또 나무뿌리는 결정을 내릴 줄도 알아요. 작은 두뇌와 같다고 보면 돼요. 이렇게 뻗어 나가던 뿌리가 이웃 나무를 만나면 같은 종인지 아닌지 검사를 해요. 같은 종이라면 대부분이 자기 가족이에요. 그럼 뿌리들끼리 붙어서 같이 자라기 시작하지요. 이렇게 붙은 뿌리를 통해 소식을 전하고 당분을 나누어요. 마치 우리가 식구들끼리 맛난 음식을 나누어 먹는 것과 같은 이치죠.

가족과 친구가 많으면 참 좋지만, 모든 나무가 다 모여 사는 게 좋은 건 아니에요. 어울려 지내며 서로 돕는 것보다 혼자 있는 것이 더 좋은 나무도 있어요. 오래된 나무 그루터기만 보아도 친구가 많은지 외톨이인지 알 수 있지요. 껍질이 부슬부슬 떨어지고 썩은 그루터기는 친구가 없는 나무예요. 반면 베인 지 오래되었지만 껍질이 딱딱하고 줄기에 딱 붙어 있는 나무가 있어요. 그 나무 그루터기는 아직 살아 있는데, 그건 친구들이 뿌리로 영양을 나누어 주기 때문이에요. 혼자서는 잎도 없는 그런 모습으로 절대 살 수 없지요. 그렇게 친구들 덕분에 몇백 년씩 사는 그루터기도 많아요.

그런 그루터기들은 옆에서 자라는 젊은 나무들의 할머니, 할아버지일 수도 있답니다.

늙은 나무와 그루터기는 오래전에 있었던 일을 다 기억해요. 그래서 그동안 겪은 많은 일을 젊은 나무들에게 들려주지요. 그 덕분에 젊은 나무는 봄에 물을 아껴서 저장해 두어야 여름에 가뭄이 들 때 목마름을 해결할 수 있다는 것을 배우게 되죠.

나무 두 그루가 하나가 없으면 못 살 만큼 서로를 너무너무 좋아할 수도 있어요. 그럼 뿌리가 붙어 자라서 한 나무처럼 되어 버리죠. 이런 나무의 수관은 서로 딴 방향으로 자라요. 그래야 친구가 자라는 데 방해가 되지 않을 테니까요.

그런데 침엽수는 그렇게 친한 나무 커플을 알아보기가 힘들어요. 침엽수는 원래 이웃이 있는 쪽으로는 가는 가지만 만들거든요. 침엽수는 원래 마음이 착해서 친한 친구가 아니어도 이웃을 무척 배려해요. 다른 나무가 옆에 서 있으면 그쪽 가지는 굵게 만들지 않아서 이웃 나무에 그늘이 많이 지지 않게 살펴 주거든요. 이렇게 모두에게 잘해 주니까 이웃나무와 침엽수가 친한 사이인지 아닌지는 잘 알 수가 없지요.

나무가 가족과 행복하게 살 수 있으려면 인간이 나무를 괴롭히지 말아야 해요. 우리는 나무를 한 그루만 벤다고 해도 나무는 가족을 잃는 거예요. 나무 세 그루가 한 줄로 나란히 서 있다고 상상해 보세요. 나무 세 그루의 뿌리가 서로 붙어 있어서 조잘조잘 이야기를 나누는데, 인간이 중간에 있던 나무를 싹둑 베어 버리면 뿌리가 끊어지겠지요. 그럼 가장자리에 있던 나무 두 그루는 가까이 있어도 소식을 전할 수 없고 당분을 주고받을 수도 없어요. 그러니까 오래된 나무는 가만히 놔두어야 해요. 그래야 나무가 오래오래 행복하게 살 수 있어요.

Schau mal! 잠깐만

오래된 나무 그루터기

나무 그루터기가 오래되었는지는 어떻게 알 수 있을까요? 벤 지 얼마 안 되는 그루터기는 가운데에 아직 딱딱한 목질이 남아 있어요. 목질의 색깔도 환하지요. 하지만 오래되면 목질의 색깔이 짙어지고 썩어서 만지면 쉽게 부스러져요. 아직 죽지 않았다고 해도 가장자리만 살아 있는 거예요. 그래서 가장 자리에만 딱딱한 껍질이 남아 있지요. 바깥 부분까지 부스러지면 그 나무는 죽은 거예요.

따라 해 보세요!

활엽수는 가지를 보면 진짜 커플인지 알 수 있어요. 진짜 커플 나무는 두꺼운 나뭇가지가 서로 반대 방향으로 자라거든요. 하지만 그런 사이좋은 커플은 흔하지 않기 때문에 한참 찾아야 할 거예요. 그런 커플을 찾거든 두 나무의 수관을 사진 찍거나 그림을 그려 보세요. 그리고 친구가 아닌 나무의 사진을 찍거나 그려서 한번 비교해 보세요. 친구들이랑 누가 누가 커플을 많이 찾는지 내기해서 서로 사진을 나누어 보세요.

아기 나무는 학교에서 무엇을 배울까요?

아기 나무들이 다 같이 서서 수업을 들어요. 엄마 나무의 그늘에 모여 어떻게 하면 오래오래 살 수 있을지 배우지요. 나무는 우리보다 훨씬 오래 학교를 다녀요. 200년이나 300년쯤은 다녀야 겨우 졸업을 할 수 있지요.

원시림에선 혼자 사는 아기 나무를 만날 수 없어요. 원시림은 사람의 손길이 미치지 않은 자연 그대로의 숲이니까 인간이 나무를 벤 적이 한 번도 없겠지요. 그런 곳에선 모든 나무와 동물이 제 마음대로 살 수 있어요. 원시림에 떨어진 씨앗은 혼자가 아니에요. 많은 친구가 동시에 싹을 틔워 함께 자라니까요. 저 위에 우뚝 선 엄마 나무들은 뿌리로 땅속을 더듬어 자식들을 찾아냅니다. 아기 나무의 뿌리를 찾으면 그것을 자신의 뿌리에 붙여서 젖을 먹이지요. 아기 나무가 엄마에게 받아먹는 것은 인간 아기가 먹는 젖이 아니라 당분이 섞인 물이에요. 아기 나무는 그 당분이 없으면 살 수 없어요. 원시림의 바닥은 엄마 나무들에 가려서 너무 어둡거든요. 원시림 바닥으로 들어오는 빛이 거의 없어서 아기 나무들이 자기 잎으로 당분을 만들 수가 없죠. 그래서 엄마가 꼭 필요해요.

따라 해 보세요!

어린 활엽수의 나이는 가지의 마디를 세어 보면 알 수 있어요. 마디 하나가 한 살이에요. 맨 바깥쪽 눈에서 시작해서 가지를 따라 안쪽으로 세어 가세요. 너도밤나무가 제일 세기 좋을 거예요. 가지 끝에서 줄기까지 쭉 따라가면 안쪽으로 갈수록 가지의 굵기가 더 굵어져요. 그래서 안쪽으로 들어갈수록 마디를 알아보기가 힘들어지니까 그 부분은 대충 어림짐작해야 해요. 침엽수의 가지는 층층이 자라요. 해마다 위쪽에 한 층이 더 생기죠.

나무 학교

오래된 너도밤나무 숲에서 나무 학교를 찾아보세요. 키가 1~10미터인 작은 나무들이 사이좋게 모여 있는 곳이에요. 둘러보면 비스듬하게 자란 불량 학생들이 눈에 띌 거예요. 그중에는 이미 죽은 것도 있을 거고요. 죽은 나무의 줄기는 껍질이 떨어지기 때문에 금방 알 수 있어요. 함께 싹을 틔워 자란 친구들이 그렇게 차츰 줄어들다가 곧게 자란 몇 그루만 남아서 오래오래 살아간답니다.

숲의 바닥이 어두운 이유는 엄마 나무의 수관이 크기 때문이에요. 엄마 나무가 드리운 그늘 때문에 아기 나무는 아주 천천히 자라죠. 천천히 자라면 에너지를 많이 쓰지 않아요. 그래서 500살까지, 아니 그보다 더 오래 살 수가 있답니다. 세상에서 제일 나이가 많은 나무는 스웨덴에 있는 작은 가문비나무인데 무려 1만 살이 되어 간다고 해요!

아기 나무들의 키가 1미터쯤 되면 나무 학교가 문을 열어요. 가장 중요한 과목은 국어나 수학이 아니라 "똑바로 자라기"예요. 웃기나요? 하지만 나무는 똑바로 자라지 않으면 거센 바람을 견디지 못해서 부러지고 말아요. 줄기가 휘면 안쪽의 목재가 뭉치게 되고, 우리가 근육통을 느낄 때처럼 나무도 아프답니다. 태풍이 그런 줄기를 휘감으면 그렇게 뭉친 부위가 부러질 수 있지요. 엄마 나무는 아기 나무가 꼿꼿하게 자랐으면 하고 간절히 바란답니다.

나무 학교의 모습은 이래요. 대략 1백 그루 정도의 나무 학생들이 오글오글 모여 있어요. 위에서 내려오는 빛을 조금이라도 흡수하려면 몸을 쭉 펴야 하지요. 하지만 우리들이 다니는 학교가 그렇듯 나무 학교에도 불량 학생이 있기 마련이에요. 어른 나무의 말을 안 듣고 왼쪽으로, 오른쪽으로 자라는 나무들 말이에요. 다른 친구들이 그런 불량 학생 친구들을 어떻게 생각하는지는 모르겠지만 어쨌든 모범생들은 어른들이 시키는 대로 아주 천천히 똑바로 자라서 휘어진 불량 친구들을 앞질러 버려요. 그럼 불량 학생들은 더 빛을 받지 못하겠죠. 나무는 빛이 없으면 살 수 없어요. 그래서 휘어진 나무는 언젠가는 죽고 말지요. 3백 년이 지나면 1백 그루의 학생 중에서 똑바로 자란 1~2그루만 남게 돼요. 그때쯤이면 늙은 나무들이 죽어 자리를 비켜 줄 것이므로 이 모범생들은 아름드리나무로 자라 오래오래 살게 된답니다. 나무는 인간과 달리 자식을 엄청나게 많이 낳지만, 대부분의 아이가 잘 자라 어른이 되는 우리 인간과 달리 아기 나무들은 몇 그루만 남아 어른이 되지요.

그런데 안타깝게도 대부분의 숲에선 나무 학교가 잘 운영되지 못해요. 사람들이 숲으로 들어가 엄마 나무들을 너무 많이 베어 버리기 때문이에요. 그럼 아기 나무들의 자세가 기우뚱해지고, 빛이 많이 들어오기 때문에 너무 빠른 속도로 자라지요. 빛이 많다는 말은 당분을 많이 만들 수 있다는 뜻이에요. 당분을 많이 만들면 처음에는 신이 나겠지요. 하지만 그렇게 살면 200살, 300살을 못 넘기고 죽고 말아요. 건강하지 못한 생활을 했기 때문이에요. 200살이면 많지 않으냐고요? 그렇지 않아요. 나무한테 200년은 절대 긴 시간이 아니에요.

모든 동물이 가족과 함께 사나요?

많은 동물이 우리처럼 가족을 이루어 모여 살아요. 멧돼지가 가장 대표적인 동물이에요. 멧돼지는 누가 자기 가족인지 금방 알아요. 한참 동안 못 봤어도 단번에 가족을 알아본답니다.

멧돼지는 서로 몸을 비비는 것을 너무 좋아해요. 몸을 비비려고 따닥따닥 붙어 누워 있는데, 그럴 때 보면 마치 한 무더기처럼 보여요. 그렇게 모여 있으면 정말 포근하겠죠! 위험이 다가오면 엄마 멧돼지가 아기들을 보호해요. 개나 늑대나 사람이 새끼들 근처로 다가오면 긴 엄니로 소리를 내서 위협해요. 그래도 소용이 없으면 앞으로 돌진해서 공격을 하려는 것처럼 행동해요. 그런데도 침입자가 여전히 도망가지 않으면 진짜 공격에 나서 물어 버려요. 아기 멧돼지는 정말 든든할 거예요. 엄마가 용감하게 지켜 주고 아낌없는 사랑으로 쓰다듬어 주니까요.

노루는 멧돼지하고는 달라요. 태어난 지 몇 주 되지 않은 아기 노루가 수풀에 혼자 누워 있는 모습을 자주 볼 수 있어요. 엄마는 숲속을 돌아다니며 먹이를 구하는 중이랍니다. 아기 노루의 몸에서는 아무 냄새도 나지 않아요. 그래서 바닥에 딱 붙어 있으면 여우와 멧돼지가 알아차리지 못해요. 그러니까 5월에 아기 노루를 숲에서 보거든 가만히 내버려 두어야 해요. 우리가 만지면 아기 노루한테 사람 냄새가 묻게 되고, 그럼 엄마는 절대로 아기한테 돌아오지 않아요. 사람이 있는 줄 알고요. 우리가 함부로 만지지 않으면 아기 노루는 가만히 누워 있다가 엄마를 다시 만나 튼튼한 어른 노루로 자랄 수 있어요. 아기가 조금 자라서 엄마랑 같이 뛸 수 있게 되면 엄마는 아기를 꼭 옆에 데리고 다녀요.

Quiz 퀴즈

개미가 새끼에게 주는 단물은 어디서 구한 것일까요?

🍃 진딧물   🍃 꽃

정답: 진딧물. 진딧물은 나무 잎사귀에 붙어서 나무의 수액을 빨아먹어요. 배에서 똥이 나오면 그건 바로 단물이에요. 개미는 단물을 굉장히 좋아해서 진딧물 엉덩이를 대고 다녀요.

26

따라 해 보세요!

홍개미는 위험이 닥치면 가족을 보호하기 위해서 산을 뿌려요. 이걸 '개미산'이라고 해요. 개미산은 고약한 냄새가 나는 투명한 액체예요. 어떤 개미는 뒤쫓아 오는 개미에게 흔적을 남기기 위해서, 어떤 개미는 적을 공격하기 위해서 개미산을 내뿜지요. 많은 개미가 한꺼번에 산을 뿜어 내면 냄새가 코를 찔러요. 냄새가 얼마나 고약한지 직접 맡아 볼 수 있어요. 홍개미가 쌓은 언덕으로 다가가서 손바닥을 펴서 살짝 두드려 보세요. 개미한테는 아무 일도 없을 테니 걱정하지 않아도 돼요. 잠시 후 손바닥을 코에 대고 냄새를 맡아 보면 왜 개미의 천적들이 걸음아, 날 살려라 하고 도망을 치는지 알 수 있을 거예요. 개미집 근처에 갈 때는 개미가 바지 안으로 기어 들어가지 않도록 조심해야 해요. 개미가 깨물면 정말 아프거든요. 그러니까 개미집에서 손을 뗀 후에는 그 자리에서 몇 번 발을 쾅쾅 구르세요. 그럼 개미가 신발로 기어오를 수 없을 거예요.

새들도 가족이 있어요. 어린 새끼는 혼자서는 아무것도 할 수 없어요. 막 태어났을 때는 앞도 보이지 않거든요. 그래서 엄마 아빠가 먹이를 물어다 주죠. 멧돼지나 노루와 달리 새들은 엄마와 아빠가 힘을 합쳐서 새끼를 보살펴요. 아기가 자라서 날 수 있어도 한참을 더 보살피다가 새끼들을 넓은 세상으로 내보내요. 그럼 그 새끼도 나중에 커서 자기 가정을 꾸리겠지요.

아기 나비는 태어나자마자 홀로서기를 해야 해요. 딱정벌레, 나비, 파리 같은 대부분의 곤충들은 엄마가 알을 낳고 나면 보살펴 주지 않거든요. 그래도 알에서 깬 애벌레는 먹을 것이 풍성하답니다. 엄마가 애벌레가 먹을 수 있는 식물에 알을 낳기 때문이에요. 엄마는 그 식물이 건강한지도 미리 살펴보죠. 그렇기 때문에 애벌레는 항상 맛난 먹이를 실컷 먹을 수가 있답니다.

새나 멧돼지처럼 자기 자식을 보살피는 곤충도 있어요. 개미가 대표적이지요. 개미는 알에서 깬 새끼들에게 단물과 잘게 부순 곤충을 먹여요. 이빨로 잘게 부순 곤충을 새끼에게 준다고요? 우리더러 먹으라면 '우웩!' 하겠죠? 하지만 개미는 우리랑 입맛이 많이 달라요. 개미 새끼는 번데기가 될 때까지 이렇게 먹이를 받아먹는답니다. 번데기는 자라 허물을 벗고 어른 개미가 되는데, 평생 가족과 함께 살아요. 한 개미집에 사는 개미는 모두 친척이기 때문에 개미 가족은 엄청난 대가족이지요. 많을 때는 2백만 마리가 함께 살기도 해요.

숲속의 수다

숲에서는 매일 재밌고 즐거운 일이 일어나요.
혼자만 간직하기엔 아까울 만큼 재미나지요.
그래서 모두들 재잘재잘 소문을 내요. 숲속의
수다꾼은 새와 노루와 멧돼지만이 아니랍니다.
그것들 못지않게 나무도 수다를 많이 떨어요.
여름에는 향기로도 나무의
이야기를 들을 수 있어요.

나무도 말을 할 수 있나요?

숲에도 위험한 순간이 찾아옵니다. 예를 들면 작은 딱정벌레가 몰려올 때가 있어요. 녀석들이 나무껍질을 갉아 먹어 구멍을 내면 나무는 썩어서 죽게 돼요. 그래도 다행이에요. 나무 친구들이 서로서로 힘을 합쳐서 적을 물리치니까요.

이 나무는 기린이 자기 잎을 먹고 있다는 사실을 지금 막 알아차렸어요. 나무가 잎으로 독을 보내려면 몇 분이 걸리기 때문에 기린은 조금 더 잎을 먹어 치울 수 있지요.

적이 오고 있다는 사실을 미리 알면 적을 막을 방법을 궁리할 수 있겠죠? 나무들이 서로 이야기를 나누는 것도 바로 그 이유 때문이에요. 어떤 동물이 나뭇잎을 뜯어 먹으면 나무는 그 사실을 알아차린답니다. 잠시 동안은 충격을 받아서 멍하겠지만 나무는 곧 누가 자기 잎을 먹는지 맛으로 알아차리지요. 맛으로 안다고요? 맞아요. 나무는 맛을 느낄 수 있어요. 어떤 동물이 나무껍질이나 잎이나 가지를 베어 물면 그 상처로 동물의 침이 들어가게 되는데, 그 침이 동물의 종류에 따라 다 다르거든요. 그래서 나무는 누가 그런 짓을 했는지 정확히 알아낼 수 있는 거예요. 나무는 일단 상처가 난 자리로 쓴맛이 나거나 독성을 띤 액체를 흘려보내요. 그럼 열심히 나무를 갉아 먹던 딱정벌레는 갑자기 맛이 이상해지니까 먹는 걸 멈추고 딴 곳으로 날아가 버리죠.

침엽수는 상처가 난 곳으로 송진을 밀어 보내요. 송진은 독특한 향기가 나는 끈적끈적하고 쓴맛이 나는 액체예요. 그럼 딱정벌레가 그 송진에 달라붙어 꼼짝도 할 수 없게 되죠. 공격을 당한 나무는 친구 나무들에게 "딱정벌레야. 조심해!"라고 고함을 질러요. 물론 나무는 입이 없으니까 이 말을 향기로 전해요. 그 향기가 주변 나무한테 닿으면 친구들이 알아차리고 딱정벌레의 공격에 대비해 미리 송진을 만들기 시작하지요.

아프리카에선 나무들이 기린을 막아 낼 줄도 안답니다. 기린은 우산아카시아 나무의 잎을 제일 좋아해요. 우산아카시아는 우산처럼 생긴 키가 큰 나무예요. 기린이 잎을 뜯어 먹으면 나무는 불과 몇 분 만에 그 사실을 알아차리고 잎으로 독을 내보내요. 그 독을 먹으면 죽을 수도 있으니까 기린은 얼른 이웃 나무한테로 옮겨 가요. 하지만 그 이웃 나무도 벌써 기린이 온다는 걸 알고 있다면 어떻게 될까요? 그 이웃 나무 잎에도 벌써 독이 흘러들어 갔을 거예요. 기린은 그 사실을 알기 때문에 100미터 이상 떨어진 나무에게로 걸어가서 그 잎을 뜯어 먹지요. 거기까지는 나무의 향기 소식이 전달되지 않아서 아직 나뭇잎이 달콤하거든요. 바람이 불면 기린은 바람이 불어오는 쪽 이웃 나무의 잎을 먹어요. 바람에 향기가 실려 오지 않았으므로 그 나무는 아직 기린이 온다는 소식을 못 들었을 테니까요.

느릅나무 같은 나무종은 동물에게 도움을 청하기도 해요. 느릅나무는 애벌레가 잎을 갉아 먹으면 그 애벌레가 누구의 새끼인지 알아차리거든요. 그래서 얼른 애벌레의 천적을 불러 모으죠. 천적은 애벌레의 몸에 알을 낳는 작은 말벌이에요. 그럼 말벌의 알에서 유충이 나와서 애벌레의 배 속을 갉아 먹겠지요. 으…… 상상하면 좀 징그럽지만 어쨌든 느릅나무는 천적을 죽여서 자기 잎을 무사히 지켜 내지요.

나무종이 다르면 서로 이야기를 주고받을 수 없어요. 우리가 금붕어하고 친척이 아니듯 너도밤나무는 가문비나무하고 친척이 아니에요. 그래서 우리가 금붕어의 말을 못 알아듣듯 나무도 종이 다르면 서로의 말을 알아들을 수 없답니다.

뜯어 먹은 흔적

키 작은 나무를 보면 뜯겨 나간 싹이 눈에 띌 거예요. 대부분 노루의 짓이에요. 가만히 살펴보면 작은 껍질 조각이 가지에 걸려 있을 거예요. 노루는 위쪽 앞니가 없기 때문에 싹을 물어 뜯어버리죠. 학자들이 연구를 해 보니까 나무는 사람이 가지를 자를 때와 노루가 싹을 뜯어 먹을 때를 구분한다고 해요. 노루가 입을 대면 나무는 노루의 침을 통해 그 사실을 알아차리고 쓴맛이 나는 물질을 가지로 보내요. 사람이 가지를 자를 때는 얼른 상처를 치료하려고 애를 쓰고요.

← 노루가 뜯어 먹은 자국.

따라 해 보세요!

침엽수는 여름이 되면 더워서 어쩔 줄 몰라요. 기운이 떨어져서 딱정벌레가 공격을 해도 막아 낼 힘이 없죠. 그럴 때 침엽수는 향기를 뿜어내서 도움을 청해요. 향기로 벌레의 천적을 부르는 거예요. 그 냄새는 침엽 몇 개를 손가락으로 비빌 때 나는 냄새랑 비슷해서 강렬하고 달콤하지요.

숲에도 인터넷이 깔려 있나요?

나무는 컴퓨터도 할 줄 모르고 전화도 할 줄 몰라요. 하지만 서로 연락을 주고받는답니다. 나무가 서로 연락할 때 이용하는 전화선은 자기 뿌리이지만, 숲에 깔린 낙엽 밑에는 나무의 연락을 도와주는 생물이 자라고 있어요.

나무의 연락을 도와주는 수다스러운 생물은 바로 버섯이에요. 버섯이 동물인지 식물인지는 학자들도 아직 정확히 알지 못한다고 해요. 버섯은 동물처럼 다른 생명체를 먹고 살아요. 하지만 죽은 나무의 목질을 먹고 사는 버섯도 있고 낙엽을 먹고 사는 버섯도 있고, 살아 있는 나무와 서로 도와 가며 사는 버섯도 있어요. 바로 이 버섯이 나무의 소식을 전해 주어요. 한 나무가 다른 나무에게 중요한 이야기를 하고 싶을 때 나무는 뿌리로 액체를 보내요. 그런데 그 뿌리를 버섯이 솜뭉치처럼 생긴 부드러운 실로 감싸고 있지요. 버섯은 그곳에서 나무의 소식을 들은 다음 자신의 가는 실을 통해 그 소식을 전달해요. 버섯의 실이 숲 바닥 전체에 깔려 있기 때문에 한 나무가 하는 말을 그 숲의 모든 나무가 들을 수 있어요. 예를 들어 딱정벌레가 공격을 시작했다면 모두가 그 사실을 알고 대비를 할 수 있는 것이지요.

우리가 보는 버섯은 사과나무에 달린 사과처럼 버섯의 열매예요. 땅속에는 버섯의 더 큰 부분이 자라고 있어서 몇백 미터까지 뻗어 나갈 수 있어요.

그런데 버섯 인터넷은 무료가 아니에요. 우리가 집에서 인터넷을 쓰려면 요금을 내야 하듯이 나무도 비용을 지불해야 해요. 숲에는 돈은 없지만 그 대신 당분이 있지요. 당분은 숲속 주민 모두가 탐을 내는 것이에요. 새도 곤충도 버섯도 당분을 좋아하지요. 당분은 나무가 자라는 데에도 꼭 필요한 중요한 성분이에요. 나무는 당분과

Quiz 퀴즈

버섯 인터넷은 숲 바닥 전체를 가로질러요. 고운 흰 실이 모든 나무를 연결해 주지요. 숲 바닥의 흙 1티스푼에 들어 있는 그 실의 길이는 얼마일까요?

- 1센티미터
- 1미터 이상
- 1킬로미터 이상

정답: 1킬로미터 이상이야. 버섯이 정말 많은 나무 가족이야 숲의 안녕을 위해 애쓰지 않니.

32

따라 해 보세요!

버섯 인터넷을 찾아보아요. 숲에 깔린 낙엽을 살짝 걷어 내면 축축한 썩은 잎이 보여요. 그 밑바닥에서 숲의 인터넷을 볼 수 있답니다. 얼기설기 뒤엉킨 가는 흰 실이 인터넷 선처럼 생겼지요? 나무는 그 실을 통해 소식을 전하는 거예요. 앗! 우리가 실을 걷어 내면 인터넷이 고장 나지 않을까요? 너무 걱정 말아요. 버섯의 실을 몇 가닥 걷어 낸다고 해서 인터넷이 망가지지는 않으니까요. 나무는 우리가 걷어 낸 곳을 빙 돌아서 딴 실로 소식을 전할 거예요.

여러 가지 종류의 염분으로 목질과 잎, 껍질을 만들거든요. 나무는 나뭇잎과 햇빛을 이용해 직접 당분을 만들지요.

버섯은 나무가 만드는 당분을 최대 1/3까지 인터넷 사용료로 요구합니다. 정말정말 값이 비싸지요. 하지만 소식을 전하지 못하면 위험이 닥쳐도 알 수가 없으니까 나무는 비싸더라도 당분을 나누어 주지요. 버섯은 그 당분으로 주린 배를 채우고 열매를 만들어요. 그것이 바로 가을이면 땅에서 솟아오르는 버섯들이에요. 버섯의 몸은 당분으로 이루어져 있어요. 그러니까 우리가 자주 보는 그물버섯, 꾀꼬리버섯, 갈색그물버섯은 모양은 다르지만 다 나무의 당분인 셈이죠.

버섯 인터넷은 소식만 전하는 게 아니라 당분도 전달해요. 어떤 나무가 친구 나무를 돕고 싶어 당분을 보내려 할 때 버섯이 가져다주는 거예요. 하지만 버섯이 할 일을 안 하고 딴짓을 할 때도 있어요. 가끔 어떤 나무가 친구에게 보낸 선물을 다른 종의 나무에게 전달해 버리는 일이 생기거든요. 나무가 알면 버럭 화를 낼 거예요. 다른 종의 나무를 돕고 싶은 나무는 없을 테니까요. 그러거나 말거나 버섯은 앞일을 생각해서 미리 꾀를 쓰는 거예요. 예를 들어 서로 도우며 살던 너도밤나무들이 어느 날 너도밤나무만 노리는 병에 걸려서 한꺼번에 다 죽어 버릴 수도 있잖아요. 그럼 다른 종의 나무한테서 당분을 얻지 못하는 버섯은 따라 죽을 수밖에 없겠죠. 그래서 버섯은 몰래 당분을 조금씩 자작나무나 참나무 같은 다른 나무종에게 나누어 주는 거예요. 그럼 유행병이 돌아서 너도밤나무가 다 죽어도 버섯은 참나무와 자작나무에게 서비스를 제공하면서 배불리 먹고 살 수 있을 거예요.

새들은 무슨 말을 할까요?

봄이나 여름에 밖에 나가면 새들이 시끄럽게 지저귀어요.
특히 아침이나 저녁에 많이 울지요. 무슨 일이 일어났을까요?
하루 종일 무슨 할 말이 그리 많을까요?
아니면 그냥 심심해서 우는 걸까요?

쇠오색딱따구리가 애벌레를 찾고 있어요. 줄기에 구멍을 내서 그 안에 숨은 벌레를 잡아먹지요. 이렇게 벌레를 잡으려고 나무를 쪼는 소리는 노래 대신 가지를 두드려 내는 북소리보다 훨씬 속도가 느리답니다.

새가 노래를 부른다는 말은 틀린 표현이에요. 새들의 노래는 가사가 없거든요. 여러 가지 음만 있기 때문에 오래 듣고 있으면 좀 지루하기도 하지요. 봄에 새들이 우는 건 이 말이 하고 싶어서예요. "내 거야!" 봄에 이 말이 하고 싶어서 노래하는 새는 주로 정원이나 길가 나무에 자기 영역을 확보한 수컷들이에요. 영역이란 동물이 자기 집이라고 생각하는 구역을 말해요. 이 영역을 다른 수컷한테 뺏기지 않으려고 우는 거예요. 개는 영역을 표시하려고 찔끔 오줌을 싸서 냄새를 남기지만 새는 우아하게 노래로 영역 표시를 한답니다. 그래도 똑같은 소리를 몇 시간 듣고 있으면 좀 따분하고 싫증이 나지요. 내 거야! 내 거야! 내 거야!
물론 다른 뜻도 있답니다. 수컷이 자기가 여기 있다고 암컷에게 알리는 거예요. 더 큰 소리로 더 오래 노래할수록 힘이 센 수컷이겠죠. 힘센 수컷은 암컷에게 인기가 많지요.

봄에는 모든 새가 한꺼번에 울어요. 떼창을 하기 때문에 누구 목소리인지 구분하기가 힘들어요. 그래서 녀석들은 자기 목소리가 잘 들리게 다른 녀석들이 쉴 때 또는 잠을 잘 때 얼른 울려고 해요. 그런데 그 시간이 신기하게도 새들마다 딱 정해져 있답니다. 새들은 시계가 없으니까 해의 위치를 보고 시간을 알지요. 종다리는 해가 뜨기 1시간 반 전부터 울지만 유럽 울새는 해 뜨기 한 시간 전에 울고, 푸른머리되새는 해가 뜰 때 울어요. 순서가 너무 정확해서 새 소리만 듣고도 시간을 알 수가 있죠.

그렇지만 모든 새가 다 노래를 부르는 건 아니에요. 딱따구리는 노래 대신 다른 일을 하지요. 물론 영역 표시를 하려고 비명을 지를 때는 있지만 노래 대신 마른 나뭇가지를 찾아서 부리로 북을 치듯이 두드려요. 몸집이 작을수록 북소리가 더 빠른데, 쇠오색딱따구리가 북을 제일 빨리 치는 고수랍니다. 녀석이 나무를 쪼는 소리를 듣고 있으면 누가 큰 소리로 빠르게 컴퓨터 자판을 치는 것 같아요.

노래와 북소리 말고도 새의 언어가 또 있답니다. 새들은 나무처럼 위험이 닥치면 서로서로 조심하라고 알려 주거든요. 그래서 회색머리지빠귀는 다람쥐가 보이면 계속 "래취래취래취" 하고 소리를 질러요. 다람쥐가 새알을 좋아해서 훔치러 오거든요. 또 회색머리지빠귀는 날씨에 따라 노래가 달라지기도 해요. 날이 좋을 때도 "래취래취래취" 하고 울고요, 비가 오면 '래애애애취' 하고 딱 한 번만 운답니다.

까마귀는 진짜로 의사소통을 할 수 있어요. 학자들이 찾아낸 말만 80가지가 넘는다고 하네요. 녀석들에겐 이름도 있다고 해요. 그래서 옛 친구를 오랜만에 만나면 멀리서도 친구의 소리를 알아듣고 높은음으로 반갑게 친구에게 대답한답니다. 옛 친구라고 다 반갑지는 않겠죠? 그래서 반갑지 않은 옛 친구가 찾아오면 낮은음으로 대답한다네요.

숲-정보

까치

까마귀

까마귀는 영리한 새예요. 까마귀의 가족은 까마귀 말고도 까치, 어치, 갈까마귀가 있어요. 학자들은 까마귀가 워낙 똑똑해서 "날개 달린 원숭이"라고 부른답니다. 까마귀하고는 친구가 될 수도 있어요. 꼬박꼬박 먹이를 주면 선물을 갖다 주기도 하거든요. 유리 조각이나 작은 돌 같은 것을 주로 갖고 오지만 어떨 땐 죽은 쥐를 갖다주기도 해요. 까마귀가 생각하는 선물은 우리랑 달리 좀 특이하지요.

새가 노래를 부르면 위험한가요?

🍃 네.   🍃 아니요.

정답: 네. 우어요. 노래로부터 대답에 경우 있답 테니까요. 아무도 다른 수컷 새가 아이 걸어들, 새 놀래는 새끼들을 암탁을 오라고 찾으라고 노래를 하는 경우. 하지만 수컷새가 곧 새끼들에게 위험할 수도 있어요. 아무 노래하면 위치를 들키 결고 있어요. 다람쥐, 여우, 뱀에게 지도를 주는 것이나 마찬가지요.

야생 고양이와 사슴은 어떻게 이야기할까요?

덩치가 큰 동물들은 고함을 질러서 이야기를 나누어요. 서로 멀리 떨어져서 살기 때문에 큰 소리를 내지 않으면 안 들리거든요. 눈에 보이지 않으니까 고함을 지르는 수밖에요. 그게 아니면 냄새를 풍기는 방법도 있어요.

야생 고양이는 다른 친구가 자기 영역에 들어오는 것을 좋아하지 않아요. 그래서 돌이나 나무에 오줌을 찔끔찔끔 뿌리는데 냄새가 아주 끝내줘요. 다른 고양이들이 그 냄새를 맡으면 더 이상 가면 안 되겠구나 생각하고 돌아가죠. 그러니까 오줌 냄새는 울타리 같은 것이에요. 야생 고양이는 자기 영역 주변을 빙 둘러 오줌을 싸 놓고 그 안에서 평화롭게 살아요. 여러분의 집이 숲 근처인데 고양이를 키운다면 살쾡이가 나타났는지 금방 알 수 있어요. 고양이가 절대로 집 밖으로 나가려고 하지 않을 거니까요.

냄새는 다른 동물에게 보내는 경고의 신호로 쓰이기도 해요. 숲을 가로지르는 살쾡이는 곳곳에 냄새를 남기죠. 노루가 그 냄새를 맡으면 정신을 바짝 차려요. 살쾡이가 노루를 제일 좋아한다는 사실을 숲에 사는 모든 동물이 아니까요.

야생 고양이는 영역이 엄청 넓어서 서로 만날 일이 없어요. 몇 킬로미터 떨어진 곳에선 소리를 잘 들을 수 없기 때문에 녀석들은 냄새로 서로 이야기를 나눈답니다.

냄새 이야기를 하니까 좀 밥맛이 떨어지나요? 그럼 동물의 울음소리에 대해 이야기를 해 볼게요. 노루는 여러 가지 소리를 냅니다. 개가 낮게 짖는 것 같은 소리를 낼 때도 있는데요, 그러면 사람들은 숲에 개가 돌아다닌다고 생각해요. 하지만 알고 보면 그건 노루의 경보음이에요.

Quiz 퀴즈

다음 중 어떤 새가 매우 높은 음으로 노래할까요?

- 독수리
- 지빠귀
- 상모솔새

정답: 상모솔새. 이 새는 유럽에서 가장 작은 새 중 하나예요. 매미나 귀뚜라미처럼 몸이 작은 동물들은 주파수가 높은 소리를 내요. 덩치가 클수록 낮은 소리를 내고요.

따라 해 보세요!

짝짓기 시기에 노루와 사슴이 우는 소리를 흉내 내어 보아요. 노루는 나뭇잎을 이용하면 쉽게 따라 할 수 있어요. 양손 엄지손가락 사이에 나뭇잎을 딱 붙이고 거기에 입술을 댄 다음 힘껏 불어 보세요. 매우 높고 큰 소리가 날 거예요. 7월과 8월에는 진짜로 수컷 노루가 다가와서 암컷이 자기를 불렀나 하고 둘레둘레 살필 수도 있어요.

덩치가 큰 붉은 사슴의 울음소리는 주전자를 이용하면 돼요. 트럼펫처럼 주전자 주둥이에 입을 갖다 대고 크고 낮은 소리로 "오오오우우우아아아" 하고 소리쳐 보세요. 몇 번 되풀이하면 9월에는 재미난 일이 벌어질 수도 있어요. 사슴이 사는 숲에서 소리를 잘 냈을 때는 사슴의 대답을 들을 수도 있거든요. 자기 무리를 차지하려는 다른 사슴이 왔다고 생각해서 어떤 사슴이 대답을 하는 거죠. 사슴이 가까이 다가오지는 않을 테니까 걱정할 필요는 없어요.

가까이에서 사람이나 늑대를 발견한 노루가 친구들에게 조심하라고 알려 주는 경고 신호죠. 진짜로 컹컹 짖는 동물도 있어요. 소리가 높고 감기에 걸린 것처럼 쉰 목소리가 나는데, 목소리의 주인공은 여우예요. 개 짖는 소리와 닮은 것은 둘이 친척이기 때문이에요. 멧돼지는 서로 이야기를 많이 나누는데 대부분 꿀꿀거리죠. 그건 기분이 좋다는 뜻이에요. 겁이 나거나 화가 날 때는 끽끽거리고 소리도 엄청나게 커요. 싸움을 시작하기 직전에는 긴 엄니를 부딪쳐요. 그러니까 그런 소리를 들었다면 얼른 도망치는 게 좋아요.

짝짓기 시기에는 숲속이 정말로 시끄러워져요. 특히 수컷 사슴은 하루 종일 소리를 지르는데, 하도 울어서 목이 다 쉬어 버리죠. 왜 울까요? 사슴의 울음은 새들의 노랫소리처럼 "내 거야!"라는 뜻이에요. 또 암컷 사슴에게 자기가 얼마나 멋진 수컷인지 자랑하려는 거예요. 그렇게 하루 종일 소리를 지르느라 밥도 거의 안 먹기 때문에 짝짓기 시기가 되면 수컷 사슴은 살이 쏙 빠져요.

늑대는 아우 하고 울어요. 울음소리가 특이하지요. 다들 알죠? 늑대는 슬퍼서 우는 것이 아니에요. 울음소리로 서로 대화를 나누는 거예요. 울음으로 사냥을 하러 가자고 약속을 하기도 하고, 다른 늑대 무리에게 여기는 우리 땅이니까 들어오지 말라고 경고를 보내기도 하지요. 늑대는 무리를 지어서 함께 살기 때문에 한 마리가 울기 시작하면 모두가 따라서 떼창을 한답니다.

사슴이 울부짖고 있어요.

나무마다 제각각

38

숲에 같은 종의 나무가 모여 있으면 다 똑같아 보이지만 자세히 들여다보면 다 달라요. 우리 인간도 제각각이듯 나무들도 제각각이거든요. 겁이 많은 녀석이 있는가 하면 용감무쌍한 녀석도 있지요. 또 어떤 녀석들이 있을까요? 좀 특별한 나무들에 대해서 하나씩 이야기해요.

나무는 무엇이 무서울까요?

숲에는 온갖 위험이 도사리고 있어요. 그래도 너무 걱정하지는 말아요! 우리가 아니라 나무를 노리니까요. 곤충, 노루, 사슴은 물론이고 가뭄도 나무의 목숨을 앗아 갈 수 있어요. 특히 서로 다른 나무종이 싸울 때는 정말로 위험하답니다.

줄기 아래쪽에 풀덤불 같은 가지를 만든 이 참나무는 지금 겁에 질려 있어요. 오른쪽 옆의 너도밤나무가 땅 밑으로 뿌리를 뻗어 물을 빼앗아 마시고 여름이면 수관을 펼쳐 빛을 막기 때문이에요.

나무가 싸운다고요? 맞아요. 앞에서는 나무들이 얼마나 서로 사이좋게 지내는지 이야기했어요. 서로 돕고 병든 가족을 보살피고 늙은 그루터기한테도 먹을 것을 나누어 준다고요. 다 맞는 말이지만 그건 같은 나무종끼리만 그러는 거예요. 너도밤나무는 너도밤나무를 돕고 참나무는 참나무를 돕지요.

참나무 한 그루가 너도밤나무들에게 에워싸여 있다면 어떨까요? 그럼 싸움이 벌어질 수도 있어요. 이런 싸움은 너무너무 천천히 일어나요. 싸움이 다 끝나서 한 그루 나무가 지거나 이길 때까지 수십 년이 걸릴 수도 있어요. 그러니까 그냥 쳐다보기만 해서는 싸우는지 아닌지 알 수가 없어요. 아, 물론 약간 눈치는 챌 수 있어요. 너도밤나무들의 공격을 받은 참나무는 겁에 질려서 벌벌 떤답니다. 혼자서 여러 명을 상대해야 하니까요. 혼자서 여러 명이랑 싸우다니 좀 불공평하네요. 그렇지 않은가요?

Quiz 퀴즈

다른 나무종과 사이좋게 지내지 못하고 툭하면 싸움을 거는 나무는 어느 녀석일까요?

- 참나무
- 너도밤나무
- 소나무

정답: 소나무. 소나무는 뿌리로 독성 물질을 내보내서 이웃 나무들을 괴롭혀요.

무엇을 보면 참나무가 겁에 질렸는지 알 수 있을까요?
그 전에 너도밤나무가 무슨 짓을 하는지부터 말해 줄게요.
너도밤나무는 참나무 뿌리 밑으로 자기 뿌리를 뻗어서 물을 몽땅 마셔
버려요. 참나무는 목이 타서 죽을 지경이에요. 또 너도밤나무의 위쪽
가지들이 참나무의 수관 사이로 비집고 들어가서 참나무보다 더 높이
뻗어 나가요. 참나무의 나뭇잎이 숲에 내리쬐는 빛을 다 흡수할 수는
없으니까 참나무를 비켜 아래로 내려간 빛을 너도밤나무가 받아먹고
부쩍부쩍 자라는 거예요. 그러다 어느 날 너도밤나무가 참나무보다 더
키가 커지면 참나무에게 그늘을 드리우게 되죠. 마치 스위치를 탁 꺼서
불을 끄는 것과 같아요. 그늘에 가린 참나무는 빛이 부족해서 잎으로
당분을 만들 수가 없을 테고 굶주림에 하루하루 몸이 쇠약해지겠죠.
얼마나 겁이 날까요? 참나무는 궁여지책으로 줄기 아래쪽에 커다란
잎을 매단 덤불 같은 가지들을 만들어 보아요. 하지만 별 소용이 없죠.
그 아래쪽은 위쪽 수관보다 더 어두울 테니까 잎이 아무리 넓어도
빛을 받을 수 없어 당분을 만들지 못해요. 그래서 얼마 못 가 가지는
다시 말라 죽어 버리죠. 참나무가 참 답답한 짓을 하죠? 하지만 우리
인간도 마찬가지예요. 우리도 겁이 나면 별별 이상한 짓을 하는걸요.
큰 거미를 보면 거미가 별로 위험하지 않다는 것을 알면서도 겁을
내며 벌벌 떠는 것과 같지요. 그러니까 여러분도 참나무의 마음을
좀 이해할 수 있겠죠?

겁을 내고 있는지 어떤지, 겉으로 봐서는 알 수 없는 나무도 많아요.
다른 종의 나무 2그루가 딱 붙어 자라면서 서로를 휘감는 일이
있는데, 겉만 보면 사랑하는 연인이 꼭 끌어안고 있는 것 같아요. 하지만
알고 보면 그 둘은 지금 레슬링을 하는 중이랍니다. 동작이 워낙 느려서
우리는 알아차릴 수 없어요. 두 사람이 서로 안고 있는 사진을 보면
둘이서 포옹을 하는 건지 싸우는 건지 알 수가 없는 것처럼요. 두 사람이
움직여야 포옹인지 싸우는 건지 눈에 보이죠. 나무는 너무너무 느리게
움직이기 때문에 우리는 나무가 무엇을 하는지 도저히 알 수가 없어요.
수십 년이 흐르고 난 후에 싸움에서 진 쪽이 죽으면 그제야 그 둘이
나눈 것이 사랑이 아니라는 것을 깨닫게 되죠.

그래도 나무를 너무 미워하면 안 돼요.
나무가 그런 짓을 하는 것은 다 자기 종을
유지하려는 노력이니까요.

숲-정보

자작나무

자작나무는 진짜 외톨이예요. 자기 말고는 아무도 좋아하지 않아서 혼자 있을 때를 제일 좋아하지요. 그래서 엄마 나무는 씨앗을 멀리멀리 날려 보내요. 아기들이 다른 나무가 없는 자리를 잘 찾아내서 거기서 쑥쑥 자랄 수 있기를 바라는 마음으로요.

자작나무는 옆에 다른 나무가 있으면 화를 내요. 자작나무의 가지는 작은 옹이가 박혀 있고 채찍처럼 길어요. 그 옹이가 사포 역할을 하죠. 바람이 불어오면 이 긴 나뭇가지가 이리저리 흔들리면서 이웃 나무의 수관을 내리쳐요. 이웃 나무의 수관에서 가지와 잎이 우수수 떨어지겠죠. 그럼 자작나무에게로 더 많은 빛이 비칠 테니까 훨씬 더 빨리 자랄 수 있을 거예요.

검은 얼룩이 박힌 흰 껍질은
자작나무만의 특징이에요.

혼자 사는 게 더 좋은가요?

나 홀로 외톨이 나무는 주변에 아무도 없어요. 그래서 여름에 태양이 줄기를 비추면 너무 뜨거울 테고, 건조한 바람에 주변 땅이 메마르면 목이 마를 거예요. 힘들고 괴로워도 도와줄 친구가 없고, 위험이 닥쳐도 알려 줄 친구가 없지요.

나무가 혼자 사는 이유는 여러 가지예요. 도시에서는 사람들이 자기 마음에 드는 곳에다 억지로 나무를 갖다 심기 때문이에요. 도로와 집을 짓고 나면 자리가 넉넉하지 않기 때문에 인도를 따라 나무를 한 그루씩 줄지어 심지요. 이렇게 사람이 심은 나무들은 서로 이야기를 나눌 수가 없어요. 아스팔트가 깔린 땅 밑에서는 버섯의 인터넷망이 자랄 수가 없거든요. 그래서 숲에서처럼 서로 연락을 주고받을 수가 없어요. 또 나무와 나무의 간격이 너무 멀기 때문에 뿌리가 서로 뒤엉켜 자랄 수가 없어요. 그래서 옆에 사는 친구가 병이 들어도 당분을 나누어 줄 수가 없어요.

공원은 다르지 않을까요? 공원은 숲처럼 나무가 많이 자라니까요. 하지만 가만히 들여다보면 공원에는 온갖 다른 종류의 나무들이 살고 있다는 사실을 알 수 있어요. 한 나무의 가족은 찾을 수가 없을 거예요. 동물원하고 약간 비슷해요. 기린, 사자, 코끼리는 가족이 아니잖아요. 그래서 사육사들은 한 종의 동물을 여러 마리씩 데려와서 키우려고 애를 쓴답니다. 하지만 공원의 나무들은 그렇지 않아요. 수는 많지만 종마다 달랑 한 그루씩 심어 놓았죠. 그러니까 공원은 나무 동물원하고 비슷하지만 그곳에서 사는 나무들은 동물원의 동물들보다 훨씬 더 외롭답니다. 가족도 없이 자기 혼자서 살아야 하니까요. 그래서 공원의 나무는 너무 빨리 자라 버려요. 앞에서도 설명했죠? 나무 아기가 빨리 자라면 오래 살지 못한다고요. 숲에서 태어난 나무는 수천 년을 살 수 있지만 공원의 나무는 아무리 오래

사과나무는 친구를 싫어해요. 그래서 사과나무는 숲보다 우리 집 정원에서 많이 자라지요. 정원에는 혼자 쓸 수 있는 자리가 넉넉하거든요.

살아도 300살밖에 못 살아요. 300살이라니까 엄청나게 오래 사는 것 같지만 원시림에서 300살이면 아직 어린이예요.

그러니까 공원의 나무를 도와주고 싶거든 주변 땅에 같은 종 나무의 씨앗을 심어 주세요. 씨앗이 자라 아기 나무가 되면 큰 나무와 함께 새 가정을 꾸릴 거예요.

가족이고 뭐고 다 필요 없고 혼자가 제일이라는 나무도 있어요. 혼자 살면 무척 외로울 것 같은데 사과나무는 혼자 있는 것이 제일 좋다고 하네요. 한 사과나무에 바짝 붙어서 다른 사과나무가 서 있으면 금방 병이 들고 말아요. 예전에 사과나무가 있던 자리에 다시 사과나무를 심어도 엄청 싫어해요. 그래서 사과나무는 씨앗을 달콤한 과육으로 둘러싸지요. 그래야 동물이나 사람이 달콤한 사과를 먹으려고 열매를 따서 멀리 가져가고 씨앗도 덩달아 멀리 갈 수 있으니까요. 벚나무와 마가목도 마찬가지예요. 붉은 열매는 새들이 좋아하는 별미랍니다. 새들이 열매를 먹으면 씨앗이 새의 배 속에 담겨 멀리 날아갈 수 있어요. 그러다가 새가 똥을 싸면 그곳에 떨어져서 아기 나무로 자라게 되지요.

버드나무, 포플러, 자작나무의 씨앗은 바람을 타고 멀리멀리 날아간답니다. 엄마 나무가 없이 혼자 자라는 나무들은 도시의 나무처럼 빨리빨리 자라지요. 그래서 이런 외톨이들은 오래 살지 못하고 150살을 넘기기가 힘들답니다.

유혹하는 꽃

나무가 외톨이인지 아닌지는 꽃만 보아도 알 수 있어요. 꽃은 향기와 색깔로 벌을 유혹하죠. 원시림에선 아무리 멋진 꽃을 피워 봤자 소용이 없어요. 너무 어두워서 벌이 살지 못하거든요. 그래서 원시림의 나무들은 여름이 되어도 꽃을 피우지 않아요. 벌은 숲보다 온갖 꽃이 피는 초원을 더 좋아한답니다.

너도밤나무나 가문비나무처럼 숲에서 자라는 나무들은 바람을 이용해서 가루받이를 해요. 사과나무나 벚나무 같은 외톨이들은 가루받이를 위해 벌을 불러들이고요. 외톨이 나무들은 아름다운 꽃으로 벌을 유혹하지요.

Quiz 퀴즈

포플러 씨앗은 얼마나 멀리 날아갈 수 있나요?

🍃 100미터 🍃 50킬로미터
🍃 100킬로미터

정답: 50킬로미터. 바람이 세차게 불면 50킬로미터까지 날아갈 수 있어요. 그렇게 멀리 날아가 땅에 떨어지면 자리를 잡아 뿌리를 내릴 수 있어요.

용감한 나무가 있나요?

숲에 사는 나무는 저마다 다 따로따로예요.
우리 인간과 마찬가지로 나무도 성격이 제각각이지요.
이런 성격의 차이는 가을에 특히 잘 나타나요.

가을에 기온이 내려가면 활엽수는 잎을 떨어뜨려야 해요. 안 그러면 겨울에 위험할 수 있어요. 잎 달린 가지에 눈이 쌓이면 너무 무거워서 줄기가 휘어질 수 있거든요. 심하면 수관 전체가 부러지기도 하는데 그럼 나무가 살 수 없어요. 그래서 때맞추어 잎을 버려야 해요. 그런데 그때가 언제일까요?

나무도 정확히는 몰라요. 그래도 우리처럼 낮이 짧아진다는 것은 느낄 수 있어요. 또 피부로, 그러니까 껍질로 날씨가 자꾸 더 추워진다는 것도 느끼지요. 첫서리가 내리거나 눈이 내리면 나무는 깊은 잠에 빠져요. 곰처럼 겨울잠을 자는 거예요. 그럼 아무것도 할 수 없을 테니 잎을 떨어뜨리지도 못해요. 그러니까 겨울잠에 들어가기 전에 잎을 잘 처리해야 해요.

이 참나무는 가을에 때맞추어 잎을 떨어뜨리지 않아서 그만 눈을 엄청 맞고 말았어요. 눈이 너무 무거우면 줄기가 휘거나 가지가 부러질 수도 있어요. 올해에 톡톡히 당했으니 이듬해엔 남들보다 서둘러 잎을 떨어뜨리지 않을까요?

조심성이 많은 나무는 10월 초만 되어도 벌써 잎을 버려요. 10월 중순부터 눈보라가 몰아칠 수도 있으니까 얼른 잎을 떨어뜨리는 것이 안전하지요.

용감한 나무는 조금 더 기다려요. 가을에도 며칠씩 해가 쨍쨍하고 기온이 올라가는 날이 있으니까요. 그럴 때 잎으로 많은 당분을 만들 수 있잖아요. 당분을 많이 만들어 두면 이듬해 봄에 잠에서 깨어나 남들보다 빨리 싹을 틔울 수 있지요. 그렇지만 그건 위험한 짓이에요. 갑자기 기온이 뚝 떨어지면 어떤 일이 벌어질까요? 나무는 잎을 떨어뜨릴 수 없어요. 다들 숲에서 겨울 내내 누런 잎을 가지에 매달고 있는 나무들을 보았을 거예요. 눈이 내리면 큰일을 당할 수도 있어요. 아저씨는 눈 때문에 부러진 나무도 여럿 보았어요.

아기 나무는 아직 조심하지 않아도 돼요. 엄마 나무 아래에 서 있으니까요. 잠잘 시간이 오면 엄마는 잎을 떨어뜨려요. 하지만 아기 나무는 엄마 말을 안 듣고 겨울 내내 깨어 있어요. 잎을 다 떨어뜨린 엄마가 잠을 자는 지금이야말로 숲 바닥까지 빛이 환하게 들어오거든요. 그래서 오랜만에 아기 나무가 잎으로 많은 당분을 만들 수 있어요. 만세! 아기 나무는 사탕을 입에 물고 잠자리에 든답니다. 그러다가 갑자기 첫눈이 내리면 아기 나무는 용감한 큰 나무와 똑같이 잎을 떨어뜨릴 수가 없지요. 그 잎에 눈이 쌓이고 쌓이고 또 쌓이면 나무는 무게를 이기지 못하고 휘청 허리가 휘지요. 괜찮을까요? 봄이 되어 눈이 녹아요. 그런데 저것 좀 보세요. 놀라워라! 아기 나무가 다시 벌떡 일어서네요. 가는 줄기는 탄력이 좋아서 쉽게 부러지지 않는 거예요. 그래서 아기 나무는 휘어도 다시 일어날 수 있어요.

시간이 가면 아기 나무의 줄기도 조금씩 굵어지겠죠. 2~3센티미터가 되면 그때부터는 위험해요. 눈이 내려 줄기가 휘면 목질에 틈이 생기거든요. 아야! 아기 나무가 아파요. 그런 일을 당하지 않으려면 해마다 엄마를 따라 얼른 나뭇잎을 떨어뜨려야 해요.

산울타리로 쓰이는 너도밤나무는 용감해도 돼요. 산울타리는 살아 있는 나무를 촘촘히 심어 만든 울타리를 가리키는 말이에요. 산울타리는 흔히 줄기와 가지를 짧게 자르니까 눈이 아무리 내려도 휘어지지 않아요. 그걸 나무도 알아서 겨울 내내 숲속 아기 나무처럼 잎을 간직하지요.

따라 해 보세요!

겨울에 너도밤나무 숲에 들어가면 엄마랑 같이 겨울잠에 빠진 아기 나무들을 볼 수 있을 거예요. 키가 어느 정도 되면 잎이 없는지 살펴보세요. 여러분이 나무 사이에 서 보면 나무의 키를 알 수 있겠죠? 여러분의 키는 몇 센티미터인가요? 여러분의 키를 기준으로 나무의 키를 짐작해 보세요.

어떤 나무가 최고 기록을 세웠을까요?

사실 모든 나무는 다 특별해요. 똑같은 나무는 한 그루도 없어요. 다들 자기만의 개성이 있지요. 그런데 개성이 너무 강해서 눈에 띄는 나무들이 있답니다. 지금부터 소개할게요.

가 문비나무는 잎이 바늘 모양인 소나뭇과의 침엽수예요. 예전에 학자들은 가문비나무는 500년 정도 산다고 생각했어요. 사실 500년도 엄청나게 많은 나이죠. 고향을 떠나 여름이 무척 더운 고장으로 끌려온 침엽수는 많이 살아도 80살 정도밖에 못 살거든요. 80살이 되면 사람들이 베어 버리거나 그 전에 태풍을 견디지 못하고 쓰러져 버리죠. 그래서 풍파에 시달린 듯 볼품없는 그 가문비나무도 모두가 예사로 보아 넘겼어요. 별로 특별한 점이 없었거든요. 그런데 어느 날 학자들이 스웨덴의 산꼭대기에 서 있는 그 작은 나무를 연구해 보았더니 놀랍게도 나이가 무려 1만 살에 가까웠어요. 깜짝 놀란 학자들이 주변 나무들도 살펴보았죠. 세상에! 8천 살이 넘는 나무를 몇 그루 더 발견했답니다.

그 작은 가문비나무의 이름은 올드 티코예요. 하지만 직접 가서 볼 수는 없어요. 세상에서 제일 나이가 많은 가문비나무를 보겠다고 여기저기서 관광객이 몰리면 나무가 성치 못할 것이므로 출입을 금지시켰지요. 가만히 두면 아직 몇천 년 더 살 수 있을 테니까요.

학자들은 세상에서 제일 나이가 많은 이 가문비나무에게 올드 티코라는 이름을 붙여 주었어요. 나이는 엄청나게 많지만 키는 5미터밖에 안 된답니다.

Quiz 퀴즈

세상에서 제일 키 작은 나무가 자라는 곳은 어디일까요?

- 열대 우림
- 독일
- 라플란드

정답: 라플란드. 북극권 부근 라플란드 지역에 자라는 난쟁이 버드나무가 세상에서 키가 제일 작아요. 그러나 그보다 더 작은 나무가 자라려면 북극권 같은 유난히 기후 조건이 까다로운 곳에 가야 합니다.

46

따라 해 보세요!

우리 주변에서 나무의 기록을 찾아보아요. 우리가 사는 도시에서 줄기가 가장 굵은 나무는 어떤 나무일까요? 여러분의 팔을 이용해 나무의 굵기를 잴 수 있답니다. 나무를 안았을 때 양손이 닿지 않는다면 가족이나 친구를 불러 함께 손을 맞잡아 보세요. 몇 사람이 모여야 나무를 안을 수 있을까요? 더 정확하게 알고 싶다면 줄자를 이용하면 될 거예요. 기록을 세운 나무를 찾았다면 사진으로 남겨 오래오래 기억해 보세요.

세상에서 키가 제일 큰 나무는 올드 티코처럼 나이가 많지는 않아요. 이름은 하이페리온이고 수종은 세쿼이아예요. 하이페리온은 캘리포니아의 산에서 살고 있어요. 키가 무려 115.5미터여서 높다란 교회만큼이나 솟아 있고 아주 튼튼하답니다. 하지만 뿌리가 지표면 바로 밑에서 자라고 있지요. 그래서 관광객이 몰리면 구둣발에 많은 상처를 입을 거예요. 우리 발을 매일 수많은 사람들이 밟는다고 상상해 보세요. 그래서 학자들은 그 나무가 어디에 있는지 알려 주지 않는답니다.

미국 유타주에는 사시나무 숲이 있어요. 그곳에는 4만 그루의 나무줄기가 솟아 있어요. 그게 뭐가 이상할까 생각하겠지만, 그 나무들은 다 같은 이름으로 불려요. 이름이 판도예요. 알고 보면 그 숲이 나무 한 그루이기 때문이지요. 지름이 거의 0.5제곱킬로미터에 이르는 큰 뿌리에서 자라는 숲이기 때문이에요. 몇 미터 간격으로 줄기가 솟아 있기 때문에 수많은 나무가 자라는 숲처럼 보이는 거예요. 정말로 한 그루 나무일까요? 나무 가족은 아닐까요? 학자들도 정확하게는 몰라요. 하지만 아저씨는 한 그루 나무라고 생각해요. 나무의 제일 중요한 기관은 뿌리거든요. 나무는 뿌리를 이용해 이웃 나무와 연락하고, 뿌리에 기억을 저장하잖아요. 판도는 커다란 한 뿌리에서 자라니까 나무 한 그루인 거지요. 우리의 팔과 다리가 우리 형제자매가 아니듯 판도의 수많은 줄기도 또 다른 나무는 아닌 거죠. 그래서 판도는 세상에서 제일 큰, 아니 더 정확하게 말하면 제일 자리를 많이 차지하는 나무일 거예요.

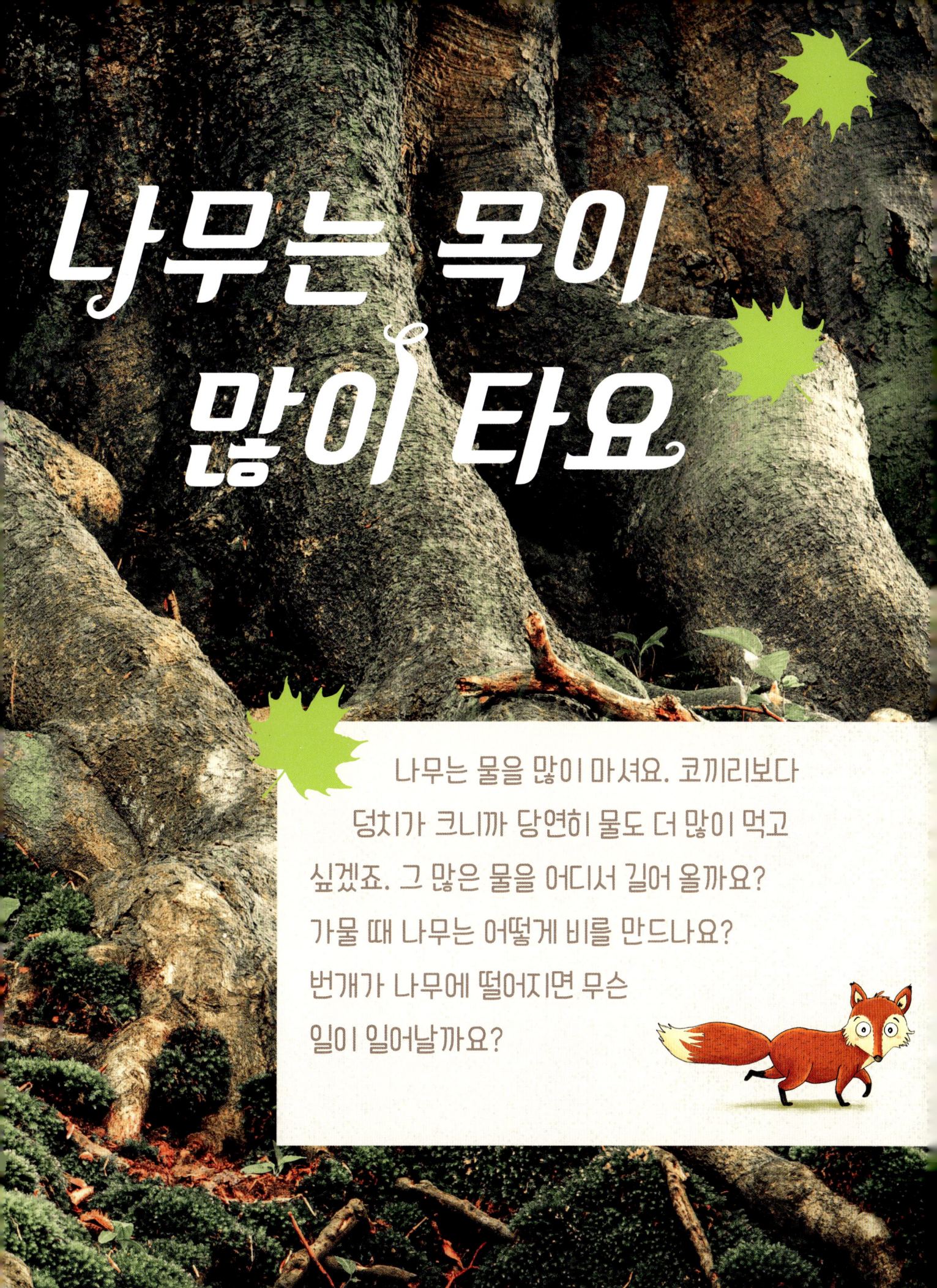

나무는 목이 많이 타요

나무는 물을 많이 마셔요. 코끼리보다 덩치가 크니까 당연히 물도 더 많이 먹고 싶겠죠. 그 많은 물을 어디서 길어 올까요? 가물 때 나무는 어떻게 비를 만드나요? 번개가 나무에 떨어지면 무슨 일이 일어날까요?

나무는 어떻게 물을 마실까요?

모든 생물은 물이 필요해요. 나무도 마찬가지예요. 나무는 식물 세계의 코끼리이기 때문에 물을 많이 마시죠. 아름드리 너도밤나무는 뜨거운 여름날 욕조 3~4통 정도의 물을 들이켤 수 있어요. 500리터 정도 되는 엄청나게 많은 물이죠.

너도밤나무는 넓게 펼친 수관을 이용해 모은 많은 빗물을 줄기를 통해 땅으로 내려보낸답니다

숲에는 물을 받아 둘 물탱크가 없기 때문에 너도밤나무는 한 방울 한 방울 땅에 고인 물을 찾아다녀야 해요. 그 일은 뿌리가 맡아서 하지요. 뿌리는 촉촉한 곳을 정확하게 느끼거든요. 물이 있어 촉촉한 곳을 찾으면 뿌리는 힘껏 물을 빨아들여요. 마지막 한 방울까지 다 찾아 마시려고 버섯과도 힘을 합쳐요. 버섯은 미세한 실로 솜뭉치처럼 나무뿌리를 감싸서 나무뿌리가 미처 빨아들이지 못한 물을 쑤욱 흡수하지요. 그 물과 함께 땅에 있던 염분도 따라 줄기로 올라와요. 나무가 자라려면 염분이 필요하기 때문에 나무는 염분을 좋아한답니다. 우리도 짭짤한 감자칩을 너무너무 좋아해서 한번 먹기 시작하면 멈출 수가 없지요. 나무가 어떻게 물을 수관까지 올려 보내는지 지금까지 정확히 아는 사람이 없답니다.

여러분이 나중에 연구를 해 보면 어떨까요? 학자들이 밝혀낸 사실은 나무가 물을 꼭대기까지 위로 올려 보내기 위해 엄청나게 많은 힘을 쏟아붓는다는 것입니다. 우리가 애드벌룬을 입으로 불어서 집채만 한 크기로 만들 때 드는 힘보다 더 많은 힘이 든다는군요.(기계로 바람을 넣는 큰 풍선을 우리 입으로 분다면 정말로 어마어마한 힘이 필요할 거예요.) 겨울에 땅이 꽁꽁 얼면 나무도 잠시 휴식을 취합니다. 얼음을 마실 수는 없으니까요. 그 대신 봄이 되어 나뭇잎을 틔우기 직전에 엄청나게 많은 물을 한꺼번에 줄기로 올려 보내요. 그럴 때 청진기(의사 선생님이 우리 배에다 갖다 대는 그 물건 말이에요.)를 껍질에 대고 들어 보면 물이 올라가는 소리를 들을 수 있어요. 잎이 다 자라면 수압은 곧바로 다시 낮아진답니다.

같은 종의 나무는 똑같은 양의 물을 마셔요. 원래는 그래요. 하지만 나무도 살면서 물을 아끼는 법을 배우기 때문에 나무마다 마시는 물의 양이 다르답니다. 뜨거운 여름에 비가 오지 않아 땅이 메마른데도 나무가 계속 뿌리로 물을 빨아 대면 목질이 갈라집니다. 그럼 그 나무는 "아, 이렇게 하면 안 되겠구나!" 하고 깨닫지요. 그래서 이듬해 봄부터는 땅속의 물을 잘 나누어 쓸 줄 알게 되죠. 5월과 6월에 땅속 물을 다 들이켜지 않고 비가 오지 않는 7월과 8월을 대비하여 아껴 둔답니다. 하지만 모든 나무가 똑같이 지혜로운 것은 아니어서 물을 잘 나누어 쓸 줄 아는 나무가 있는가 하면 조심성 없이 벌컥벌컥 마셔 버리는 나무가 있지요. 다행히 조심성이 많은 나무들은 마음씨도 고와서 친구를 잘 도와줍니다. 가뭄이 올 것 같으면 얼른 눈치를 채고 버섯 인터넷을 통해 친구들에게 경고를 보내지요. 그럼 조심성 없는 친구들도 정신을 차리고 물을 아껴 먹을 수 있어요.

숲의 물탱크는 하늘에서 내리는 비와 눈이 채워 줍니다. 너도밤나무나 참나무 같은 활엽수들은 물을 많이 모으기 위해 가지를 비스듬히 위로 올리고 있어요. 큰 깔때기 모양이지요. 그럼 물이 가지를 타고 내려와 줄기를 따라서 아래로 떨어져요. 줄기를 타고 내리는 물이 너무 많을 때는 땅에 거품이 부글부글 생긴답니다.

침엽수는 활엽수만큼 빗물을 잘 모으지 못해요. 원래 추운 지방에서 살았기 때문에 가뭄보다 눈을 더 무서워했거든요. 침엽수는 가지가 아래로 살짝 처져 있기 때문에 눈이 많이 내리면 무거워진 가지가 줄기 쪽으로 바짝 붙어요. 그 덕분에 가지가 부러지지 않지요. 활엽수는 가지를 위로 올리고 있기 때문에 눈이 많이 내리면 무게를 견디지 못하고 부러지고 말아요. 그래서 미리 가을에 잎을 떨어뜨리죠. 잎이 없으니까 눈이 내려도 가지 사이를 지나 곧바로 땅으로 떨어지지요.

침엽수는 가지가 줄기에서 멀리까지 뻗어 있기 때문에 가지가 우산 역할을 해요. 눈이 올 때는 그것이 큰 장점이 되지만 비가 내릴 때는 단점이 되지요. 나무줄기 둘레로 물이 모이지 못해서 여름에 늘 목이 마를 테니까요.

목이 말라요

여름에 비가 한참 동안 내리지 않아 무척 가물 때 가문비나무가 억지로 땅에서 물을 빨아들이면 욕심이 아주 많은 나무의 경우 줄기 전체가 쪼개질 수 있어요. 심각한 부상을 입게 되는 것이죠. 그럼 그 상처에서 진한 송진(송진은 가문비나무가 흘리는 피예요.)이 흘러나와요. 그래도 상처가 완전히 다 아물지는 않아서 껍질에 평생 기다란 흉터가 남지요.

줄기의 터진 상처

퀴즈

나무는 밤에도 물을 마시나요?

🍃 밤에는 잠을 자기 때문에 안 마셔요.

🍃 밤에 잠을 잘 때도 물은 계속 마셔요.

정답: 낮에 물을 많이 마셔 두고, 나무도 밤에는 물을 마시지 않고 쉬어요. 그래서 햇볕에 바싹 마른 날에도 밤이 지나면 줄기에 물이 가득 차오른답니다.

숲이 비를 부를 수 있나요?

여름에는 모두가 목이 탑니다. 나무도 우리처럼 갈증을 느끼지요.
그래서 오랫동안 비가 오지 않으면 직접 비를 만들어요.
나무는 비를 부를 수 있어요.

비가 내리면 나무 위로 수증기가 모락모락 피어오릅니다. 그 수증기가 모여 구름이 되지요.

물은 가만히 있지 않고 늘 위에서 아래로 흐르기 때문에 빗물은 땅속으로 스며들거나 산 아래로 흘러갑니다. 그 물이 모이고 합쳐져 시내를 이루고 강이 되며, 다시 며칠을 흘러 드넓은 바다로 들어가지요. 비가 내리지 않으면 땅은 금세 메말라 사막처럼 건조해져요. 다행히 짙은 구름이 쉬지 않고 물려옵니다. 구름은 바다 위에서 만들어지지요. 그곳에서 수증기가 올라와 모이면 구름이 되거든요. 그럼 바람이 불어 구름을 우리가 사는 곳으로 데려다주고, 그 구름에서 빗방울이나 눈송이가 떨어져 땅을 적시지요. 구름에 담긴 물이 다 떨어지면 구름이 걷히고 하늘은 다시 맑게 갭니다.

따라 해 보세요!

죽은 나무줄기 가운데서 굵은 걸 찾아보세요. 이미 썩은 줄기라면 더 좋아요. 썩은 줄기는 목질이 아주 보드랍거든요. 손가락으로 꾹 누르면 거기서 물이 약간 나올 거예요. 건조하고 뜨거운 여름 낮에도 물이 나오는지 한번 눌러 보세요. 아마 대부분 물기가 느껴질 거예요. 그것이 바로 숲의 에어컨이랍니다.

그럼 바다에서 먼 곳은 어떻게 비가 올까요? 거기까지 닿기도 전에 구름에 든 물이 다 말라 버릴 텐데요. 그런 곳에도 비가 내리는 이유는 바다와 그런 곳 사이에 큰 숲이 있어서 구름을 만들어 주기 때문이에요. 어떻게요? 집 근처에 숲이나 공원이 있으면 볼 수 있을 거예요. 여름에 세찬 소나기가 내리고 나면 나무들 위로 짙은 수증기가 모락모락 피어오르는 모습을요. 어디서 연기가 솟구치나 싶을 정도로 자욱한 수증기가 모락모락 피어오르지요. 이 수증기가 하늘로 올라가서 구름이 되는 거예요. 바다 곁에 있는 숲에서도 똑같은 일이 일어나요. 그곳에 비가 내리면 수증기가 피어올라서 구름이 만들어져요. 이 구름이 바람을 타고 내륙으로 흘러가서 비를 내리죠. 그곳에 숲이 있으면 비를 맞은 숲에서 다시 구름이 생기고, 그 구름은 더 내륙으로 흘러가서 다시 비를 뿌리고요. 그런 식으로 계속 숲에서 숲으로 구름이 흘러가기 때문에 큰 바다에서 수천 킬로미터 떨어진 땅에서도 비가 내리는 거예요. 학자들도 얼마 전에야 그 사실을 알게 되었어요. 브라질 한복판의 열대 우림이 점점 더 메마르는 것을 보고서야 그것이 바닷가의 숲과 관련이 있다는 것을 알게 되었죠. 사람들이 바닷가 숲의 나무를 전부 다 베어 버렸기 때문에 열대 우림이 건조하고 메마르게 되었다는 것을요. 그래서 이제는 바닷가 숲에 열심히 나무를 심고 있답니다. 물과 숲은 떼려야 뗄 수 없는 관계이지요.

러시아의 숲은 다른 방법으로 비를 만들어요.
러시아에는 거대한 가문비나무 숲이 있는데, 그곳은 겨울에는 무척 춥지만 여름에는 기온이 오르지요. 기온이 오르면 땅이 물기가 없이 메마르기 때문에 가문비나무는 뜨거운 여름을 좋아하지 않아요. 그래서 구름을 불러 도움을 청한답니다. 먼저 가문비나무가 송진 냄새가 나는 작은 물방울을 뱉어 내요. 그 물방울이 공기 중으로 올라가서 물을 더 끌어모아요. 작은 물방울이 모여 점점 더 큰 물방울이 되는 거죠. 그럼 물방울이 무거워져서 구름 속에 가만히 있지 못하고 아래로 떨어지겠죠. 와, 비다! 이렇게 가문비나무는 자기가 알아서 구름과 비를 만들 수 있어요. 구름을 만들면 좋은 점이 또 있어요. 양산처럼 해를 가려 주니까 그늘이 져서 서늘하게 기온이 내려간답니다.

숲-정보

소나무

소나무의 껍질은 아래쪽은 거칠지만 위쪽은 반질반질해요. 색깔도 아래쪽은 갈색인데 위로 올라갈수록 밝아져서 오렌지색을 띠지요. 침엽은 가지를 중심으로 둘로 나뉘어 줄지어 가지에 매달려 있고 길이가 가문비나무의 침엽보다 훨씬 길어요. 그 대신 솔방울의 길이는 가문비나무보다 훨씬 짧지요.

소나무는 가문비나무처럼 추운 북쪽 지방에서 왔어요. 그래서 눈이 많이 내리고 겨울이 길어도 잘 살 수 있어요. 그런데 소나무의 고향보다 여름이 긴 곳이나 모래땅에도 소나무를 많이 심어요. 그런 땅은 특히 물이 적어서 건조하지요. 그래서 소나무는 여름철만 되면 목이 말라 시들시들 허약해져요. 나방들이 귀신같이 알아차리고 나무껍질에 알을 낳아요. 그럼 알에서 깬 나방의 애벌레들이 소나무를 마구 갉아 먹지요. 그래서 많은 소나무가 목숨을 잃는답니다.

숲은 어떻게 물을 깨끗하게 만들까요?

빗방울을 몸에 맞으면 제법 아파요. 땅도 빗방울이 떨어지면 아프다고 느낄 거예요. 빗방울이 굵을수록 바닥을 더 세게 때릴 테고 흙도 많이 튀어 오르겠죠. 그러니까 수많은 빗방울이 떨어지면 정말로 많은 흙이 사방으로 튈 거예요.

억수 같은 소나기가 내리면 땅은 금방 진창으로 변해요. 빗물이 이 진창을 휩쓸어 가까운 시냇물로 데려가지요. 그렇게 자꾸 흙이 쓸려 나가면 땅은 점점 얇아져요. 하지만 긴 시간에 걸쳐 천천히 얇아지기 때문에 처음에는 잘 알아차리지 못하지요.

흙이 줄어드는 속도는 어떤 땅이냐에 따라 달라요. 농부들이 농사를 짓는 들판은 해마다 수확을 마치고 나면 땅을 갈아엎기 때문에 흙이 밖으로 튀어나와 있어요. 그래서 가을에 추수를 마친 들판에 비가 내리면 흙이 많이 쓸려 가요. 100년에 50센티미터씩 땅이 얇아진다고 하네요. 50센티미터면 얼마 안 된다고 생각할 수도 있겠지만 한번 쓸려 간 흙은 다시 돌아올 수 없어요. 그래서 어느 순간

따라 해 보세요!

우리도 물을 깨끗하게 만들 수 있어요. 양동이 밑바닥에 구멍을 내고 그 위에 돌과 흙을 깔아요. 그럼 작은 밭이 만들어지겠죠. 물을 깨끗하게 만들려면 먼저 더러운 물이 있어야 하니까 물 잔에 물을 붓고 흙을 조금 넣은 후 저어 주세요. 그 탁한 물을 양동이에 부어 보세요. 아래로 흘러나온 물은 여전히 더러울 거예요. 자, 그럼 숲을 만들어 볼까요? 양동이 바닥에 돌과 낙엽을 조금 깔아 보세요. (낙엽이 깔린 숲 바닥에 손을 집어넣어서 부스러지는 갈색 낙엽을 한 움큼 집어내세요.) 다시 그 위에 이끼를 잘 깝니다. 자, 다시 한번 더러운 물을 부어 보세요. 아마 아까보다 훨씬 깨끗한 물이 양동이 밑으로 떨어질 거예요. 숲도 이런 식으로 물을 깨끗하게 만든답니다.

흙에 묻혀 있던 돌들이 밖으로 드러날 테고 그런 얕은 땅에선 식물이 잘 자랄 수가 없어요.

비가 한꺼번에 많이 내려서 물이 빠르게 흐르면 식물은 또 다른 문제를 겪어요. 유속이 빨라 땅속 뿌리가 편히 물을 빨아들이기 힘든 거예요. 잔뿌리들도 흔들리고요. 그래서 식물이 물을 많이 마시지 못해요.

땅에 나무가 많으면 이야기가 달라진답니다. 굵은 빗방울이 나뭇잎을 때려도 나무는 아파하지 않아요. 빗방울이 떨어질 때마다 잎이 살짝 흔들리기는 하겠지만 물방울은 가지와 줄기를 타고 천천히 땅으로 흘러내리지요. 잎에 매달린 빗방울이 곧바로 땅에 뚝 떨어지기도 하지만 일단 잎에 떨어졌기 때문에 방울이 크지도 않고 무겁지도 않아요. 또 숲 바닥에는 낙엽이나 이끼가 깔려 있기 때문에 흙이 튀는 일도 없어요. 낙엽에 떨어진 물은 아주 천천히 땅으로 스며들지요. 물이 가까운 시내로 흘러가지 않으니까 흙이 쓸려 갈 일도 없어요.

퀴즈 Quiz

땅속 저 밑에 고인 물에서도 생물이 사나요?

- 네, 물이 있는 곳에는 어디나 생물이 있어요.
- 아니요, 거긴 칠흑같이 어두워서 생물이 살 수 없어요.

정답: 네, 물이 있는 곳에는 어디나 생물이 살아요. 물속 깊은 곳에도 생물이 있어요. 거기 사는 생물이라고 해서 꼭 눈이 있어야 하는 건 아니잖아요. 깨끗한 물일수록 이 크기도 또 생물의 종류도 많고 다양해요. 동물도 사람도 이 물을 먹으면 좋을 텐데요.

그 빗물의 일부는 나무가 마셔요. 뿌리로 빨아들여 줄기로 올려 보내지요. 남은 빗물은 아주 천천히 아래로, 아래로 흘러갑니다. 어떨 때는 50미터 아래로, 어떨 때는 100미터 아래까지 흘러가지요. 그럼 그 깊은 곳에 물이 모여서 큰 강이나 호수를 이루어요. 빗물이 거기까지 내려가려면 몇 년씩 걸려요. 그동안 동물의 똥이나 검댕처럼 빗물에 섞여 있던 오물은 땅이나 땅속 자갈이나 바위에 걸려서 아래로 내려가지 못해요. 그래서 땅속의 물은 우리가 마셔도 될 만큼 깨끗하답니다. 물론 물을 마시려면 먼저 길어 올려야 하겠죠. 물을 길으려면 큰 펌프가 달린 수도 시설이 필요해요. 그 시설이 땅속에 있는 물을 끌어 올려 물탱크를 채운 다음 수도관을 통해 우리 집으로 물을 보낸답니다. 얼마나 편리한지 몰라요. 그냥 수도꼭지만 틀면 깨끗한 물이 콸콸 나오니까요.

하지만 이런 수도 시설 근처에 숲이 없다면 빗물은 논밭으로 스며들겠지요. 아니면 호수나 강으로 모이거나요. 이런 물은 깨끗하지 않기 때문에서 그대로 마실 수가 없어요. 먼저 깨끗하게 만들어야 하는데 그러려면 돈이 많이 들어요. 또 물맛도 좋지 않아요. 그러니까 숲을 많이 만들면 돈을 들이지 않고도 깨끗하고 맛난 물을 먹을 수 있어요. 나무는 공짜로 우리에게 좋은 물을 나누어 주지요.

산불은 왜 나나요?

나무는 불에 잘 타요. 물론 바짝 말랐을 때 말이지만요.
나무가 없으면 불을 피울 수 없어요. 인간은 아주 옛날부터 그 사실을 알았죠. 인간이 불을 피우기 시작한 것은 백만 년 전이거든요.
그렇다면 나무는 불을 좋아할까요?

산불은 불조심을 하지 않아서 생깁니다. 그러니까 숲에서는 불을 피워 고기를 굽거나 음식을 만들면 안 돼요.

대부분의 나무종은 불을 좋아하지 않아요. 그래서 불을 막을 묘책을 생각해 두지요. 그런데 산불은 왜 날까요? 사람이 불을 내지 않았다면 산불이 나는 이유는 두 가지, 바로 번개와 화산 폭발이지요.

산불의 범인은 대부분 번개예요. 번개는 너무 뜨겁기 때문에 나무에 맞으면 불이 붙어요. 또 아주 드문 일이지만 화산이 터져서 불붙은 돌이 마구 튀어 오르다가 나무에 옮겨 붙어 산불이 일어나기도 해요. 그렇지만 화산 폭발은 자주 일어나지 않기 때문에 여기서는 번개만 살펴보기로 해요. 번개는 자주 찾아오는 손님이에요. 적도와 가까운 지역, 대륙 지역에서는 상대적으로 번개가 잦다고 해요. 그래도 번개 때문에 불이 나는 일은 많지 않아요. 혹시 불이 나더라도 대부분은 숲보다는 사람들이 사는 집 쪽으로 옮겨 붙지요. 숲에선 불이 잘 나지 않아요. 나무의 목질이 촉촉하기 때문이죠.
부모님이나 선생님이 모닥불을 피울 때 옆에서 활엽수의 가지를 꺾어 불에 한번 넣어 보세요. 그 가지에 불이 옮겨 붙으려면 제법 오랜 시간을 기다려야 할 거예요. 또 번개가 치는 날엔 불꽃이 일어도 금방 다시 꺼져 버려요. 번개가 치는 날은 대부분 비가 억수같이 내리기 때문이죠.

자이언트 세쿼이아는 왜 껍질이 두껍나요?

🍃 겨울에 얼지 않으려고

🍃 산불이 나도 타 죽지 않으려고

정답: 산불이 나도 타 죽지 않으려고. 운동할 때는 자이언트 세쿼이아는 세계에서 가장 커다란 나무예요. 나이도 많지요. 그 이유는 두껍고 단단한 껍질 때문이에요. 불이 나더라도 속까지 타지 않거든요.

따라 해 보세요!

가문비나무 송진으로는 껌을 만들 수 있어요. 키 큰 가문비나무 껍질에 송진이 있나 찾아보세요. 큰 것은 크기가 1센티미터 정도 되는데 투명하고 딱딱해요. 그 송진 방울을 입에 넣고 이빨로 살짝살짝 깨물어 보세요. 처음엔 딱딱하지만 입에 넣고 있으면 연해져서 씹을 수 있을 거예요. 하지만 처음부터 성급하게 깨물어 버리면 송진 방울이 터지면서 쓴 조각으로 깨져 버려요. 씹을 때는 자주 침을 뱉어야 해요. 숲에선 침을 뱉어도 되니까 마음 놓고 뱉으세요. 그래야 송진의 쓴맛이 조금씩 줄어들어요. 10분쯤 지나면 분홍색 껌이 만들어진답니다. 씹다가 지겨우면 삼키지 말고 그냥 아무 데나 뱉어 버리면 돼요.

하지만 침엽수에 번개가 치면 위험해요. 침엽수의 목질에는 물과 함께 송진이 많이 들어 있기 때문이에요. 목질만이 아니라 껍질과 침엽에도 송진이 많이 들어 있어요. 송진은 액체이고 벤진만큼 불에 잘 타거든요. 비가 많이 내리면 불이 날 위험이 적지만 비가 내리지 않으면서 마른번개가 치는 날이 있어요. 그럴 때 숲 바닥에 깔린 식물들이 바싹 말라 있으면 금방 화르르 산불이 일어날 수 있답니다.

그런데 요즘엔 기후 변화 때문에 초대형 산불이 일어나는 일이 종종 있어요. 강수량이 적어지면서 고온 건조한 날씨와 강한 바람이 겹쳐서 산불이 기승을 부리는 거예요. 예전에는 습도가 낮은 3~5월에 주로 산불이 나서 위험했는데, 지금은 가을에 시작된 산불이 몇달이 지나도록 계속되기도 해요. 산불은 한번 발생하면 끄기가 아주 힘들어요. 도시 개발을 위해 나무를 베어 내는 바람에 숲이 없어지는 게 산불이 나는 중요한 원인 가운데 하나예요.

침엽수는 원래 춥고 습기가 많은 지역에서 살아요. 그런 곳의 숲 바닥은 촉촉해서 산불이 잘 나지 않아요. 하지만 폰데로사 소나무 같은 침엽수들은 남미의 따뜻하고 건조한 지역에서 살아요. 그런 곳에선 산불이 잘 나지만 폰데로사 소나무는 끄떡없지요. 껍질이 엄청나게 두껍기 때문에 불이 나서 주변의 풀과 떨기나무들이 다 타도 녀석은 거뜬히 견뎌 내거든요. 오히려 소나무의 씨앗은 산불이 나면 더 좋아해요. 산불이 나서 주변의 식물이 다 타 버리면 훼방꾼이 없어서 자리를 많이 차지할 수 있으니까요. 그래서 씨앗이 들어 있는 소나무의 솔방울은 불이 날 때만 벌어진답니다. 그러니까 산불이 나기를 은근히 기다렸던 거죠.

자이언트 세쿼이아의 껍질은 이렇게 생겼어요. 그래서 산불이 나도 타지 않아요.

나무와 그 이웃들

숲에는 나무 말고도 많은 식물이 살아요.
키 작은 떨기나무도 있고 나무를 칭칭 감은
덩굴 식물도 있지요. 새로 이사 온 식물도 있고
이웃을 못살게 구는 식물도 있어요.
우체부처럼 동물 친구들 소식을
전해 주는 꽃들도 피어나요.

떨기나무는 왜 키가 작은가요?

나무는 키가 아주 크게 자라요. 우뚝 서서 다른 식물들을 내려다보고 제일 높은 곳에서 빛을 독차지하지요. 떨기나무는 줄기가 없어요. 뿌리나 밑동 부분에서 바로 가지를 내어서 땅 위로 뻗어 나가지요.

떨기나무는 줄기 없는 나뭇가지처럼 생겼어요. 키를 키우느라 애쓸 필요가 없기 때문에 시간과 힘을 많이 절약할 수 있죠. 그래도 풀과 비교하면 떨기나무는 엄청난 거인이에요.

떨기나무는 5~10미터 이상 자라지 못해요. 그러니까 숲에서 살면 평생 나무 그늘을 벗어나지 못할 거예요. 주위 나무들이 빛을 다 차지해 버릴 테니까 엄청 짜증 나겠죠. 하지만 떨기나무는 초원에서 살기 때문에 다른 나무에게 화를 낼 일은 없어요. 초원에는 풀만 자라니까 굳이 긴 줄기를 만들어 키를 키울 필요가 없으니까요. 그 덕분에 떨기나무는 시간과 힘을 많이 절약할 수 있어요. 나무는 줄기를 키우기 위해 잎으로 엄청나게 많은 당분을 만들어요. 그 당분을 다시 목질로 바꾸죠. 당분은 나무가 먹고 사는 식량이에요. 나무가 줄기의 목질을 만드는 데 쓰는 당분을 우리한테 준다면 아마 우리는 평생 먹고도 남을 거예요. 나무는 그만큼 많은 당분을 줄기를 키우는 데 쓴답니다.

따라 해 보세요!

블랙손의 열매는 작은 자두처럼 생겼는데, 먹을 수 있어요. 겨울에 서리가 내리고 나면 한번 따서 먹어 보세요. 달콤할 거예요. 그래도 아저씨는 이와 혀에 텁텁한 맛이 남아서 별로 좋아하지는 않아요. 새들이 이 열매를 엄청나게 좋아하는 것을 보면 새와 사람의 입맛은 정말 다른 것 같아요.

초원에 사는 떨기나무는 줄기를 만들 필요가 없으니까 힘을 아꼈다가 다른 곳에 써요. 예를 들어 꽃을 피우거나 열매를 맺지요. 그래서 해마다 가을이면 떨기나무에 열매가 주렁주렁 달린답니다. 하지만 다른 나무는 줄기를 키우느라 힘을 너무 많이 쓰기 때문에 1년씩 번갈아 가며 꽃을 피워요. 5년에 한 번 꽃을 피우는 나무도 있어요.

하지만 떨기나무처럼 수관이 낮으면 위험한 일이 생길 수 있어요. 낑낑 힘들게 기어오르지 않아도 되기 때문에 동물들이 쉽게 잎을 따 먹을 수 있거든요. 초원에는 풀이 많기 때문에 덩치가 큰 초식 동물들이 많이 살아요. 지역에 따라서 야생말이나 야생소, 사슴과 노루가 살지요. 다들 풀을 너무너무 좋아하는 동물들이죠. 녀석들이 가끔씩 떨기나무의 잎과 가지를 먹어 치워요. 떨기나무는 질색하면서 동물들을 물리칠 묘안을 생각해 내요. 바로 가지에 뾰쪽하고 긴 가시를 붙이는 거예요. 블랙손 같은 떨기나무의 가시는 어찌나 길고 딱딱한지 자동차 타이어도 뚫을 수 있을 정도예요. 또 서로 다닥다닥 붙어서 울타리를 만드는 떨기나무들도 있어요. 힘들게 울타리를 뚫고 들어가려면 너무 아프니까 동물들이 포기하고 가 버리지요. 어떤 떨기나무는 울타리를 빨리 치려고 혼자서 자기 뿌리로 울타리를 만들기도 해요. 주변을 빙 둘러 뿌리를 뻗고 그 뿌리에서 새로운 떨기나무를 자라게 하는 거예요. 그럼 씨앗이 떨어져 싹을 틔우지 않아도 울타리가 금방 크고 넓어질 수 있어요.

가끔은 숲에서도 떨기나무를 볼 때가 있어요. 하지만 숲은 풀이 자라는 초원이 아니라 나무가 사는 집이에요. 나뭇잎이 빛을 가려 깜깜하기 때문에 다른 풀은 자라기 힘들어요. 당연히 떨기나무도 자랄 수 없어요. 그런 숲에 떨기나무가 있다면 그건 사람이 나무를 베었기 때문이에요. 나무가 사라지니 빛이 바닥까지 비칠 테고 그 빛을 받아 떨기나무가 자라는 것이지요. 주변으로 풀도 솟아날 테니 노루와 사슴도 몰려올 거예요. 풀과 떨기나무의 열매와 잎은 녀석들이 좋아하는 식량이거든요. 당연히 녀석들은 가시가 없는 떨기나무 잎부터 먹어 치울 거예요. 그래서 숲에는 가시가 많은 떨기나무 덤불만 남겠죠. 양골담초('금작화'라고도 하는 떨기나무. 5월에 밝은 노란색 꽃이 핀다.) 같은 떨기나무들은 다른 방법을 사용해 동물들을 물리친답니다. 잎에 독성이 있기 때문에 노루나 사슴이 알고 절대 건드리지 않지요.

이끼 휴지

숲에서 갑자기 똥이 마려운데 휴지가 없으면 어떡하지요? 너무 걱정 말아요. 숲에는 휴지로 쓸 수 있는 이끼가 많으니까요. 우선 이끼 낀 나무 그루터기를 찾아서 이끼를 통째로 떼어 내세요. 크기가 큰 종이만 할 테니까 그걸로 엉덩이를 쓱쓱 닦으면 돼요.

닦은 이끼는 어떻게 하느냐고요? 아무 데나 버려도 비가 오면 깨끗하게 닦이겠지만 좀 보기 흉하니까 눈에 띄지 않는 구석에 버리면 더 좋겠죠?

누가 더 높이 오를까요?

숲 바닥에서 사는 식물은 참 고달파요. 여름에도 빛 한 줄기 들어오지 않아서 자랄 수가 없지요. 몇몇 식물들이 생각했어요. 왜 우리가 나무를 타고 올라가면 안 되지? 줄기를 타고 올라가 수관에 도착하면 빛이 환할 텐데 말이야!

나무 타기는 어려워요. 여러분도 밖으로 나가 한번 시도해 보세요. 생각보다 쉽지 않을 거예요. 그래서 식물들은 다양한 방법을 생각해 냈지요.
덩굴 식물은 줄기가 곧게 서지 않고 지면을 기거나 다른 물체에 붙어서 자라요. 줄기를 길게 뻗으며 다른 것을 감아 오르는 거예요. 가지나 잎이 실처럼 변하여 다른 물체를 감아 줄기를 지탱하는 가는 덩굴을 덩굴손이라고 해요. 인동덩굴은 긴 덩굴손으로 나무의 줄기를 휘감아 단단히 붙들어요. 그런 식으로 조금씩 위로 올라가서 마침내 나무 꼭대기에 도착하지요. 거기 가면 빛이 환해서 기분이 좋아져요. 하지만 나무는 괴롭지요. 덩굴손이 줄기를 힘껏 조이기 때문에 줄기가 점점 자라 두꺼워지면 숨이 막히거든요. 덩굴손이 조이는 힘이 어찌나 센지 나중에 덩굴손이 죽어도 나무줄기에 깊은 생채기가 남는답니다.

겨우살이가 수관을 덮어 버리면 나무가 살기 힘들어요.

인동덩굴이 너도밤나무 줄기를 칭칭 감아서 줄기에 깊은 흉터를 남겼어요.

담쟁이는 마음이 고와요. 나무줄기를 타고 오르기는 하지만 꽉 조이지는 않아요. 덩굴손이 나무껍질에 딱 달라붙어 있기 때문에 나무가 아프지 않아요. 또 담쟁이의 싹은 위를 보고 있어서 줄기를 휘감지 않기 때문에 나무의 숨통을 막지도 않아요. 그래서 담쟁이와 사이좋게 오래오래 함께 사는 늙은 나무들이 많답니다.

기어오르지 않아도 나무 꼭대기에 올라갈 수 있는 식물도 있어요. 겨우살이가 그 주인공이에요. 새들이 겨우살이 씨앗을 제일 높은 가지로 데려다주거든요. 겨우살이 씨앗은 끈끈한 나무 열매에 달라붙어 있어요. 그럼 새가 열매를 먹은 다음 더러워진 주둥이를 나뭇가지에 쓱쓱 닦겠지요. 그때 열매 찌꺼기와 함께 겨우살이 씨앗도 나뭇가지에 남아요. 씨앗은 가지에 앉아서 비를 기다려요. 비가 내리면 씨앗이 자라서 작은 겨우살이가 되지요. 겨우살이는 뿌리로 나뭇가지를 뚫고 들어가서 물을 들이켜요. 원래 그 물은 나무가 잎으로 보내는 것이에요. 그러니까 겨우살이는 물 도둑인 셈이죠. 겨우살이의 뿌리가 가지를 망가뜨리기 때문에 시간이 가면 그 가지는 썩어 부러지고 말죠. 그래서 나무는 겨우살이를 좋아하지 않는답니다.

여러분도 한번 나무에 올라 보세요. 여러분이 올라타도 나무는 다치지 않으니까 걱정하지 않아도 돼요. 물론 우리 몸무게를 견딜 수 없는 작은 나무에는 올라가면 안 돼요. 또 가는 나뭇가지는 껍질이 벗겨지기 쉬우니까 조심해야 해요. 줄기의 껍질이 매끈한 나무는 봄에 특히 상처를 입기 쉬워요. 매끈한 껍질은 안 그래도 얇은데 봄이 되면 그 안에 물이 많이 차거든요. 그래서 쉽게 목질에서 떨어져 버려요.

숲-정보

참나무

참나무는 튼튼한 나무예요. 목질이 딱딱하기 때문에 태풍이 불어도 끄떡없고 번개를 맞아도 죽지 않죠. 하지만 번개가 참나무를 때리면 나무는 상처를 입지요. 껍질이 갈라져서 목질이 훤히 들여다보여요. 그래도 참나무는 오래오래 살 수 있어요. 참나무는 농가 옆에서도 많이 자라요. 가을이면 수관에서 도토리가 떨어지는데 돼지들이 엄청 좋아해요. 예전에는 돼지 먹이가 부족해서 농부들이 도토리를 무척 반겼어요. 겨울이 오기 전에 돼지들에게 도토리를 먹여 살을 찌울 수 있었으니까요. 숲에 사는 멧돼지들도 도토리를 무척 사랑한답니다.

참나무는 잎을 보면 쉽게 구별할 수 있어요. 가장자리가 똑바르지 않고 구불구불한 모양이거든요. 또 참나무는 아기일 때부터 껍질이 정말로 거칠거칠하답니다.

퀴즈: 참나무 열매를 먹고 사는 동물을 아는 대로 적어 보세요.

정답: 다람쥐, 청설모, 어치, 까마귀, 큰오색딱따구리, 동고비, 곰, 멧돼지, 곤충 유충이 참나무 열매를 좋아합니다.

숲에 노루가 몇 마리 살까요?

식물은 숲에서 무슨 일이 일어나는지 알려 주는 정보통이에요.
그러니까 탐정놀이를 할 때 식물을 조수로 쓰면 기가 막히겠죠.
숲에서 무슨 일이 일어나는지 한번 알아볼까요?
어떻게 하느냐고요?

블랙베리

라즈베리

디기탈리스

바늘꽃

숲에 노루가 몇 마리나 사는지 알고 싶나요? 정확히 셀 수는 없어도 많은지 적은지 정도는 금방 알 수 있어요. 방법도 매우 간단해요. 한 쌍의 식물을 잘 관찰하기만 하면 되거든요. 항상 두 종의 식물을 함께 살펴야 해요. 대표적인 한 쌍이 블랙베리와 라즈베리예요. 열매의 색이 라즈베리는 빨갛고 블랙베리는 검지만 둘은 생김새가 무척 닮았어요. 둘 다 열매를 생으로 먹거나 달콤한 잼을 만드는 등 여러 가지로 활용하지요. 하지만 자세히 들여다보면 두 식물의 차이점을 찾을 수 있어요. 라즈베리는 가시가 부드러워서 찌르지 않아요. 꽃대가 곧고 겨울이면 활엽수처럼 잎을 떨어뜨리고요. 블랙베리는 가시가 많고 두꺼워서 찔리면 무척 아프고 겨울에도 초록 잎을 매달고 있죠. 블랙베리 덤불은 지나가기가 보통 힘든 게 아니에요. 블랙베리가 몇 미터 길이의 긴 덩굴손을 이리저리 뻗친 데다 가시를 이용해 바지의 천을 찔러 딱 달라붙기 때문이죠.

그러니까 노루도 블랙베리보다 라즈베리를 더 좋아해요. 가시가 찌르지 않고 열매도 달콤하니까요. 블랙베리 덤불은 노루도 피해 가요. 지나가려면 가시가 찔러 댈 테니까요. 그래서 노루는 라즈베리만 골라서 먹을 것이고, 노루에게 먹힌 라즈베리의 빈자리를 블랙베리가 차지하겠죠? 그러니까 어떤 숲에 들어갔는데 라즈베리는 별로 없고 블랙베리만 무성하다면 그곳엔 노루가 많이 살고 있는 거예요. 반대로 라즈베리가 많이 자란다면 아직 노루가 많지 않다는 증거예요.

디기탈리스와 바늘꽃도 마찬가지예요. 둘 다 사람 키보다 더 높이 자랄 수 있는 꽃이에요. 약으로도 쓸 수 있어요. 바늘꽃은 분홍색 꽃을 피우는데 노루가 무척 좋아해요. 꽃이 노루를 상대로 싸울 수는 없으니까 노루가 많이 살면 바늘꽃이 남아나지 않겠죠. 디기탈리스는 큰 종 모양의 꽃을 피우는데, 우리가 좋아하는 꼬깔콘이라는 과자를 닮았답니다. 디기탈리스는 독성이 강해서 노루가 입에도 대지 않아요. 그래서 블랙베리와 라즈베리처럼 숲에 노루가 많이 살면 바늘꽃을 다 먹어 치우겠지요? 그럼 디기탈리스만 남아서 왕성하게 퍼져 나갈 테고요.

바퀴 자국

숲에서 작업하는 기계차가 어디로 지나갔는지 알려 주는 식물이 있어요. 큰 트랙터가 숲을 지나가면 바퀴 자국이 남겠지요. 그 자국을 따라 땅이 망가져요. 바퀴가 지나가기 전에는 땅에 스펀지처럼 공기구멍이 많았지만 트랙터가 지나가면서 짓누른 땅에는 물이 스며들 수 없어요. 그래서 비가 내리면 바퀴 자국을 따라 물웅덩이가 생겨요. 골풀은 그런 웅덩이를 좋아해요. 골풀은 초록색의 곧은 전선 다발처럼 생겼어요. 그런 골풀이 줄지어 2열로 자란다면 "아하, 그 길을 따라 무거운 기계차가 지나갔구나!" 하고 금방 알 수 있어요.

따라 해 보세요!

숲 바닥은 스펀지 같아요. 기계차가 땅을 지나가면 물이 빠져나가던 구멍들이 납작하게 짓눌리면서 막히고 말아요. 그럼 땅이 숨을 쉴 수 없기 때문에 흙색깔도 달라지지요. 부슬부슬한 갈색의 흙이 있던 자리에 딱딱한 회색 땅이 생기는 거예요. 하지만 짓눌려 굳은 땅의 깊이는 불과 20센티미터 정도예요. 기계가 지나가지 않은 땅을 삽으로 파서 안을 들여다보세요. 이번에는 기계가 지나간 땅을 삽으로 파서 들여다보세요. 겉모습과 달리 기계가 지나가지 않은 땅과 별로 다르지 않을 거예요.

부슬부슬한 흙

짓눌려 굳은 흙

왜 숲에는 꽃이 많지 않은가요?

숲에는 나무가 많아요. 그 나무들이 해를 가려 그늘을 만들어요.
꽃은 해를 무척 좋아하는데 그렇게 나무가 해를 가리니까
숲에서 살 수가 없는 거예요.

바람꽃의 일종인
아네모네 네모로사는 나무가
잎을 틔우지 않은 이른 봄에
얼른 꽃을 피워요. 바람꽃이
양탄자처럼 숲을 뒤덮었네요.

앞에서도 여러 번 말했어요. 숲에선 엄마 나무가 잎으로 해를 가리기 때문에 아기 나무들이 아주 천천히 자란다고요. 꽃은 나무처럼 천천히 자랄 수가 없어요. 빛이 없으면 죽고 말거든요. 그래도 몇 종의 꽃은 워낙 행동이 재빠르기 때문에 숲에서도 잘 살 수 있답니다. 잠깐만요! 어두운 숲에선 빨리 자랄 수 없다고 말씀하셨잖아요. 지금 이렇게 생각했나요? 맞아요. 하지만 이른 봄에는 이야기가 달라져요.

숲에 사는 꽃은 크기는 작지만 색깔은 정말 예쁘답니다. 제비꽃은 보라색이고 동의나물은 노란색이며 바람꽃은 흰색이죠. 다들

따라 해 보세요!

여름 숲에 꽃과 풀이 많다면 틀림없이 사람이 나무를 많이 베어 낸 곳일 거예요. 한번 살펴보세요. 아마 여기저기 나무 그루터기가 많이 보일 거예요. 방금 벤 그루터기에 올라가서 잘 살펴보세요. 목질의 색깔이 환하고 이끼가 끼거나 썩지 않았다면 그 그루터기는 벤 지 얼마 안 된 것이에요. 거기 서서 위를 올려다보세요. 하늘이 보이나요? 원래 숲에서는 고개를 들면 나뭇가지밖에 안 보이지만 지금 여러분이 서 있는 곳은 사람이 나무를 벤 곳이에요. 나무의 크기가 얼마만 했는지는 나뭇가지가 없는 빈 공간의 크기로 짐작할 수 있어요. 물론 그건 방금 베어 낸 그루터기일 때에만 그래요. 벤 지 오래된 곳은 그사이 이웃 나무들이 가지를 뻗었을 테니 빈 공간도 다 메워졌을 거예요.

봄이 되자마자 허둥지둥 한 해를 시작합니다. 이른 봄에는 따스한 해가 비치면 활엽수 숲이 환해요. 나무들이 아직 쿨쿨 잠을 자고 있어서 가지에 잎이 나지 않았거든요. 아직 휑한 나뭇가지 사이로 햇살이 비쳐드는 이 짧은 시간을 이용하여 작은 꽃들은 얼른 잎을 틔우고 꽃을 피웁니다. 불과 몇 주만 지나도 씨앗이 익지요. 그리고 남은 시간 동안 열심히 해를 받아 잎으로 당분을 만듭니다. 그 당분을 뿌리에 듬뿍 담아 두어야 해요. 그래야 남은 한 해 동안 굶어 죽지 않거든요. 지금 이 시간이 지나면 숲은 금방 다시 어두워질 겁니다. 5월 초만 되어도 너도밤나무와 참나무가 잎을 틔우거든요. 그럼 작은 꽃들은 잎을 떨어뜨리고 뿌리만 남긴 채 잠에 빠져듭니다. 이듬해 봄까지 쿨쿨 잠을 자지요. 세상에! 9달 동안이나 잠을 자다니요! 숲의 꽃들은 정말로 잠꾸러기예요.

그런데 이따금씩 한여름에도 숲에서 꽃을 만날 때가 있어요. 대부분 숲이 건강하지 못하다는 증거예요. 꽃이 피는 것은 평소보다 해가 많이 든다는 뜻이고, 해가 많이 들려면 나무가 없어야 하니까요. 태풍이 불어서 나무가 쓰러졌거나 사람이 나무를 베었기 때문이죠. 나무가 사라져서 그 자리에 해가 환하게 비친 거예요. 우리가 양산을 쓰고 있는데 누가 와서 양산을 휙 뺏어 버린 것과 같아요. 갑자기 바닥까지 해가 환히 비치니까 평소에는 살지 않던 식물들이 몰려들어요. 그래서 꽃도 피고 풀도 자라게 돼요. 풀은 꽃보다 훨씬 작으니까 나무가 있을 때는 전혀 자랄 수 없어요. 하지만 사람이나 태풍이 나무를 없애 버렸기 때문에 작은 풀도 자리를 잡을 수 있죠. 숲에는 좋지 못한 일이에요. 꽃이 피고 풀이 자라는 곳은 빛이 환하게 들기 때문에 어린 나무도 신이 나서 자랄 테니까요. 앞에서 말했듯이 나무는 어릴 때 빨리 자라면 오래 살지 못해요.

또 해가 많이 드는 곳에선 나무의 싹이 두꺼워져요. 노루는 이런 싹을 무지무지하게 좋아해요. 물기가 많고 달콤하거든요. 노루들 사이에 입소문이 나면 노루들이 떼를 지어 이 맛집을 찾아오겠지요. 그래서 빛이 잘 드는 숲에선 아기 나무들이 건강하게 살 수가 없어요.

숲-정보

노루

숲에서 노루를 만나면 대부분 혼자일 거예요. 새끼를 낳은 암컷만 1년 동안 새끼를 데리고 다니거든요. 노루는 숨바꼭질 대장이에요. 오래 달릴 수 없기 때문에 누가 쫓아오면 얼른 몸을 숨기죠. 노루는 100미터쯤 달리면 서서 쉬어야 하거든요. 노루는 깜짝 놀라면 개처럼 짖어요. 다른 노루들에게 조심하라고 알리는 거예요. 숲이 아닌 넓은 들판에서는 노루도 여럿이 모여 살아요. 나무와 수풀이 없어서 얼른 숨을 수가 없기 때문에 혼자 살면 위험하거든요.

숲속 동물은 어떻게 사나요?

숲속 동물들은 저마다의 방식으로 살아요. 고층 건물같이 높은 나무 꼭대기에서 살기도 하고, 습기 많은 땅속을 좋아하기도 하지요. 나뭇잎 한 장이면 넉넉한 작은 생물도 있어요. 욕심이 없어서 아무 데서나 잘 사는 동물도 있고요.

맨 꼭대기에는 누가 사나요?

많은 새가 나무줄기에서 살아요. 거기에서 살면 좋은 점이 많아요. 줄기에 굴을 파고 들어가 있으면 겨울에도 따뜻하게 지낼 수 있거든요. 또 나무가 딱딱하기 때문에 천적이 쉽게 안으로 들어올 수 없지요.

딱따구리 플루트예요. 구멍 주위의 색깔이 아직 밝은 것으로 보아 딱따구리가 구멍을 뚫은 지 얼마 안 된 것 같아요.

나무집은 탐나지만 나무 집을 지을 줄 아는 능력자는 많지 않아요. 나무줄기를 뚫어서 구멍을 낼 수 있는 동물이 몇 안 되거든요. 대표적인 새가 딱따구리예요. 딱따구리는 부리가 뾰족하고 튼튼해서 나무에 구멍을 뚫을 수 있어요. 산 나무를 뚫어 집을 짓기도 하지만 보통은 죽거나 썩은 나무에 구멍을 내지요. 죽거나 썩은 나무는 부드러워서 구멍이 잘 나거든요. 특히 오색딱따구리처럼 크기가 작은 딱따구리들은 죽은 나무에 집을 지어요. 그런 나무 집에 들어가 있으면 담비나 다람쥐가 들어올 수 없기 때문에 안전하게 새끼를 키울 수 있어요. 담비와 다람쥐는 어른 딱따구리도 잠을 자고 있으면 잡아먹으려고 달려들어요. 하지만 나무 집은 나무 목질이 워낙 단단해서 새들을 굳건하게 지켜 준답니다. 딱따구리는 날카롭고 단단한 부리로 나무에 구멍을 내어 그 속의 벌레를 잡아먹기도 해요.

딱따구리는 나무에 뚫은 구멍을 집으로 삼아 사는데, 몇 그루 나무에 방을 하나씩 만들어 놓고 기분 내키는 대로 방을 바꾸어 가며 잠을 잔답니다.

따라 해 보세요!

딱따구리의 숲 전화기를 우리도 만들어 볼 수 있어요. 친구랑 둘이서 함께 따라 해 봐요. 숲가에 누운 긴 나무줄기를 찾아보세요. 친구에게 한쪽 줄기 끝에 귀를 딱 대라고 하고 여러분은 반대편 줄기 끝을 작은 돌로 톡톡 두드려 보세요. 돌을 톡톡 치거나 돌로 나무를 긁어 보세요. 그리고 친구에게 어떤 소리가 들리는지 물어보세요.

까 막딱따구리처럼 몸집이 큰 딱따구리는 건강하고 튼실한 너도밤나무도 쪼아 구멍을 낼 수 있어요. 너도밤나무의 목질은 정말 여물거든요. 그래도 워낙 튼튼하니까 한번 구멍을 뚫어 집을 지으면 오래오래 쓸 수 있어요. 그런데 그렇게 딱딱한 나무를 쪼아도 머리가 아프지 않을까요? 수천 번씩 부리로 목질을 쪼아 대는데 골이 흔들흔들하지 않을까요? 걱정 마세요. 딱따구리의 머리는 끄떡없어요. 딱따구리의 뇌는 머리통에 단단히 붙어 있어서 나무를 쪼아도 흔들리지 않거든요. 우리 뇌는 물속에 둥둥 떠 있기 때문에 한 대 맞으면 두개골 안쪽에 가서 쾅 부딪힐 거예요. 그럼 정말로 아파요.

아무리 그래도 나무를 쪼려면 힘이 많이 들어요. 그래서 딱따구리도 머리를 쓰죠. 먼저 줄기에 작은 구멍을 낸 다음 몇 달 동안 쉬면서 기다려요. 그럼 그사이에 균류가 그 구멍에서 자랄 테고 그 자리의 목질이 썩어 부드러워질 거예요. 그때 다시 쪼기 시작하면 훨씬 더 쉽게 구멍이 나지요.

딱 따구리는 나무줄기를 경보 장치로도 이용해요. 가만히 큰 구멍에 앉아 있으면 나무에서 나는 소리가 잘 들리거든요. 바람에 나뭇가지가 삐거덕대는 소리도 들리고, 담비가 줄기를 타고 기어오르는 소리도 들려요. 담비가 나무를 타고 오르면 발톱이 나무를 긁는 소리가 나지막하게 나지요. 나무 동굴에 앉아 있으면 그 소리가 크게 들려요. 그래서 그 소리가 들리면 딱따구리는 얼른 구멍을 빠져나와 도망을 친답니다.

딱 따구리가 나무줄기를 따라 위아래로 동굴을 여러 개 만들 때가 있어요. 그 모양이 고층 아파트나 큰 플루트를 닮았어요. 그래서 아저씨처럼 산을 지키는 산림관들은 그런 나무를 "딱따구리 플루트"라고 부르죠. 딱따구리가 이사를 가면 박쥐, 비둘기, 부엉이처럼 자기가 집을 지을 줄 모르는 다른 새들이 얼씨구나 하고 그 집으로 들어와요. 모두들 그런 집을 고대하며 기다리거든요. 그러니까 딱따구리가 집을 지은 나무는 함부로 베어서는 안 돼요.

숲-정보

오색딱따구리

오색딱따구리는 숲에서 자주 볼 수 있는 딱따구리예요. 녀석은 죽은 나무를 무척 좋아해요. 나무를 먹으려는 것이 아니고, 그 안에 숨은 딱정벌레 애벌레를 좋아하지요. 딱따구리는 나무에 구멍을 내서 애벌레를 찾고 혀를 이용해서 잡아먹어요. 딱따구리의 혀에는 작은 갈고리가 달려 있어서 나무 깊이 숨은 애벌레도 집어낼 수 있어요. 딱따구리는 나무 구멍에 둥지를 틀고 새끼를 낳는데 새끼들이 어찌나 시끄럽게 우는지 누구나 금방 알 수 있어요. 새끼들이 왜 그렇게 우느냐고요? 배가 고파서 엄마 아빠를 부르는 거예요.

나뭇잎에 누가 지나갔나요?

숲에는 정말로 많은 동물이 살아요. 대부분 크기가 작아요. 몸집이 작으면 집도 클 필요가 없겠죠. 아주 작은 동물들은 정말 작은 집에서 산답니다!

너도밤나무벼룩바구미가 잎을 갉아 먹어서 잎에 구멍이 났어요.

작은 동물은 큰 동물에게 잡아먹히기 때문에 아무나 쉽게 들어올 수 없는 튼튼한 집에서 살고 싶어 해요.

너도밤나무벼룩바구미도 열심히 그런 집을 찾지요. 이름이 참 길고 재미나죠? 너도밤나무벼룩바구미는 작은 딱정벌레예요. 입이 코끼리의 코처럼 생겼는데, 너도밤나무에 많이 살고 벼룩처럼 풀쩍풀쩍 잘 뛰어서 그런 이름이 붙었어요. 어른 바구미는 새가 잡아먹으려고 하면 풀쩍 날아서 도망을 치면 되지만 애벌레는 아직 날 수가 없지요. 너도밤나무벼룩바구미의 애벌레는 작은 벌레처럼 생겼는데 몇 주 동안 나뭇잎을 먹고 자라야 성충이 되거든요.

숲에는 애벌레를 노리는 천적이 너무 많아요. 새들도 애벌레를 무척 좋아하지요. 그래서 애벌레는 나뭇잎에 몸을 숨겨요. 그런데 그렇게 얇은 나뭇잎에 어떻게 들어갈까요? 너도밤나무벼룩바구미 엄마는 나뭇잎에 알을 낳아요. 그럼 알에서 깬 아기 애벌레가 나뭇잎을 먹으며 혼자 자라지요. 알에서 깬 애벌레는 크기가 정말로 작아서 나뭇잎을 사각사각 갉아 먹으며 잎 속으로 들어갑니다.

따라 해 보세요!

송진은 끈적거려요. 얼마나 끈적일까요? 궁금하면 직접 알아보아요. 줄기에 송진이 매달린 침엽수를 찾아서 돌이나 작은 나뭇가지를 붙여 보아요. 그냥 붙이기 심심하면 사람 얼굴을 만들면 어떨까요? 돌 두 개로 눈을 만들고, 나뭇가지로 코를 만들고, 그 밑에 작은 돌을 붙이면 입이 되지요. 마음에 안 들면 떼어 내서 다시 붙여도 돼요. 손으로는 만지지 마세요. 송진이 손에 묻으면 잘 안 떨어지거든요.

몇 주가 흘러서 크기가 훨씬 커져도 애벌레는 여전히 그 나뭇잎을 갉아 먹어요. 그래서 밖에서 보아도 금방 알 수 있어요. 애벌레가 지나간 자리에 가느다란 갈색 선이 남기 때문이죠. 선은 삐뚤삐뚤해요. 애벌레가 똑바로 가지 않고 이리 갔다 저리 갔다 하기 때문이죠. 시간이 흐를수록 선은 넓어지고 애벌레는 통통해집니다. 그리고 잠시 후 애벌레는 성충으로 변하지요. 성충이 된 바구미는 태어난 나뭇잎에서 기어 나와요. 하지만 눈을 뜨자마자 배가 무척 고프기 때문에 새 잎을 찾아서 마구 먹어 치우지요. 바구미가 먹어 생긴 구멍은 나뭇잎을 해에 비춰 보면 잘 보인답니다.

나뭇잎을 먹고 사는 다른 벌레들도 비슷합니다. 나무좀은 나무껍질에 알을 낳아요. 알에서 깬 애벌레는 껍질 밑에서 편안하게 껍질을 먹고 자랍니다. 껍질에 가려 아무도 못 보기 때문에 위험하지도 않지요. 하지만 나무는 기분이 좋지 않아요. 껍질은 나무의 피부니까요. 그곳에 애벌레가 우글우글 모이면 나무는 죽고 맙니다. 하지만 나무좀 때문에 죽는 나무는 어차피 병든 나무였어요. 건강한 나무는 잎이나 껍질에 독을 보내서 나무좀 애벌레를 물리칠 수 있어요. 독이 든 껍질이나 잎은 맛이 없거든요. 나무좀의 습격을 가장 많이 받는 침엽수는 가문비나무예요. 가문비나무는 나무좀이 껍질에 구멍을 내면 송진을 살짝 짜내요. 그럼 나무좀이 송진에 달라붙어서 꼼짝도 못 하지요.

너도밤나무는 벼룩바구미가 갉아 먹어도 귀찮아하지 않아요. 갉아 먹어 봤자 나뭇잎이고 또 나뭇잎을 전부 다 망가뜨리지는 않거든요. 애벌레가 나뭇잎에 들어가 살아도 나무는 그 잎을 이용해 당분을 만들 수 있어요. 그래서 벼룩바구미가 있거나 말거나 상관하지 않고 제 할 일을 한답니다.

나무좀

죽은 침엽수에서 나무좀을 발견하거든 껍질을 살펴보세요. 나무좀은 딱정벌레의 일종인 곤충이에요. '조각가 딱정벌레'라고도 불리는데 나무에 뾰족한 구멍을 뚫지요. 그렇다고 나무를 조각해서 아름답게 만들어 주는 '착한' 벌레는 아니에요. 다 자란 나무좀과 나무좀의 애벌레가 나무를 파 먹은 곳에서 균류가 자라면 나무가 죽게 되거든요. 침엽수가 죽었는지 어떻게 아느냐고요? 죽은 나무는 껍질이 떨어지고 가지에 붙어 있던 침엽도 떨어져 바닥에 깔릴 거예요. 그런 나무의 껍질을 손으로 떼어 내 보세요. 대부분 나무좀이 맛난 식사를 한 흔적이 남아 있을 거예요. 한 점에서 출발한 여러 개의 선이 그어져 있을 거예요. 그 모양이 살짝 별을 닮았을 텐데 그런 선을 만든 범인은 애벌레예요. 가을에는 그 안에 성충이 된 어린 나무좀이 숨어 있을 수도 있어요. 거기 숨어서 이듬해 봄을 기다리는 거예요.

누가 어둠 속에서 살까요?

숲의 바닥에서 사는 동물도 많아요. 우리더러 거기서 살라고 하면 눅눅해서 불편할 텐데 동물들은 편안하게 잘 살아요. 숲 바닥은 사시사철 촉촉하기 때문에 여름에도 덥지 않아요.

겨울에도 거기선 작은 동물들이 왕성하게 활동하지요. 얼음이 얼어도 두께가 몇 센티미터밖에 안 되니까 그 아래의 흙은 굳지 않았거든요.

여우 형제자매들이 굴 입구에 나란히 앉아 있네요. 여기서 신나게 장난치며 놀다가 천적이 다가오면 얼른 땅속으로 숨지요.

땅 밑에는 해가 들지 않아요. 그래도 그곳에서 사는 동물들은 상관없어요. 어두워도 편안하게 살 수 있으니까요. 땅속에 사는 동물들은 어두운 곳을 안전하게 느끼지요. 심지어 몇몇 곤충들은 빛을 두려워하기도 해요. 그래서 숲길로 잘 나오지 않아요. 한번 위를 봐요. 숲길에는 빛을 가려 줄 나무가 없잖아요. 이런 길은 볕이 쨍쨍하기 때문에 너무 눈이 부시거든요.

땅 속에서도 동물들이 왔다 갔다 할 수 있어요. 땅에는 스펀지처럼 작은 구멍이 많기 때문에 그 구멍으로 이리저리 다닐 수 있지요.

따라 해 보세요!

체와 현미경을 들고 숲으로 갑니다. 흙을 한 줌 집어 체에 넣고 살살 흔들어 보세요. 운이 좋으면 작은 동물들이 체에 걸릴 거예요. 현미경으로 자세히 살펴보세요. 동물을 괴롭힐까 봐 걱정되나요? 괜찮아요. 얌전히 살펴본 후에 다시 땅에 놓아주면 동물들이 알아서 낙엽 밑으로 기어 들어갈 거예요.

지렁이는 땅 밑에 큰 길을 닦아요. 땅을 파면서 찾아낸 먹잇감은 모조리 먹어 치워요. 지렁이가 제일 좋아하는 먹이는 땅에 떨어진 나뭇잎 조각이에요. 작은 거미처럼 생긴 진드기도 썩은 나뭇잎을 좋아하죠. 녀석들은 목이 마르면 버섯의 즙을 빨아 마셔요.

땅 밑에도 천적은 있어요. 배고픈 새는 못 찾아오지만, 거기에서도 거미와 딱정벌레가 그 작은 동물들을 노리거든요. 거미와 딱정벌레는 크기가 커서 우리도 맨 눈으로 볼 수 있어요.

숲 바닥에 사는 바구미는 수가 자꾸만 줄어들어요. 녀석들은 인간이 한 번도 들어가서 나무를 벤 적 없는 원시림에서만 살기 때문에 나는 법을 아예 까먹어 버렸어요. 오랜 세월 도망갈 필요가 없었기 때문이죠. 그렇게 편안한 곳이라면 어떤 동물도 떠나지 않을 거예요. 녀석들은 위험이 닥치면 다리를 몸에 딱 붙이고 죽은 척해요. 그럼 몸 색깔이 흙색과 비슷하기 때문에 작은 티끌처럼 보이죠. 그래서 새나 거미에게 발견되지 않는답니다.

큰 동물들 중에도 땅속에서 사는 걸 좋아하는 녀석들이 있어요. 대표적인 동물이 여우랍니다. 여우는 겨울에 날씨가 추우면 바깥으로 나가기 싫어해요. 또 땅속 깊은 곳은 다른 동물들에게 공격당할 위험이 없어서 안전하게 새끼를 키우기에 좋지요. 이런 여우 굴은 크기가 매우 커서 길이가 10미터가 넘는 경우도 있어요. 혹시 굴 출입구에 개나 늑대가 나타날지도 모르니까 여우는 미리 출입구를 여러 개 만들어 두어요. 그래서 아무도 모르게 집을 들락거릴 수 있어요.

여우는 땅파기를 좋아하지 않아요. 땅속 깊이 내려가면 돌이 많으니까 흙을 파내기가 쉽지 않잖아요. 그런 땅을 파려면 발톱이 두꺼워야 하는데, 오소리가 바로 그 주인공이죠. 오소리 앞발은 크기만 조금 작을 뿐 곰하고 똑같이 생겼어요. 당연하지요. 오소리와 곰은 친척이거든요. 오소리는 마음씨가 고와서 여우가 자기 집에 들어와도 내버려 두어요. 이렇게 큰 동물들이 한집에서 같이 사는 경우는 참 드물어요. 큰 집을 지으려면 힘이 많이 들겠죠? 그래서 오소리는 한번 집을 지으면 오래오래 사용한답니다. 100년 넘게 사용하는 집도 있어요.

숲-정보

오소리

오소리는 여우보다 살짝 크지만 무게는 두 배나 더 나가요. 그래서 여우는 오소리가 파 놓은 굴을 신나게 돌아다닐 수 있지요. 오소리는 털이 회색이고 얼굴에 흰 줄과 검은 줄의 특이한 무늬가 나 있어요. 앞발의 발톱이 길고 튼튼해서 땅을 잘 판답니다. 오소리 굴 앞에 방금 파헤친 흙이 흩어져 있으면 그 안에 오소리가 살고 있다는 뜻이에요.

오소리는 겨울이 되면 굴에 들어가서 잠을 자기 때문에 겨울 내내 굶어요. 그래서 봄이 되면 너무너무 배가 고파요.

노루와 멧돼지는 어찌 사나요?

노루와 멧돼지는 나무를 쪼아 구멍을 팔 줄 몰라요. 땅속도 좋아하지 않고요. 나뭇잎에는 몸집이 커서 아예 들어갈 수도 없을 테고요. 그래도 상관없어요. 숲이 전부 자기 집이니까요.

멧돼지는 진흙탕에서 목욕을 하고 나면 몸에 묻은 흙을 나무에 닦아요. 자리를 정해 놓고 꼭 거기서만 닦기 때문에 그 자리는 이렇게 반질반질하답니다.

노루는 집이 따로 없어요. 숲이 전부 자기 집이거든요. 거실도 침실도 부엌도 다 숲에 있어요. 화장실도 따로 지을 필요가 없어요. 볼일이 급하면 그냥 그 자리에서 싸면 되니까요. 그래서 노루는 넓은 땅을 혼자서 사용해요. 좁은 곳에서 생활하게 되면 자기 똥을 밟거나 자기가 똥을 싼 식물을 먹어야 되니까요. 잠을 잘 때는 낙엽을 옆으로 치워서 작은 구덩이를 만들어요. 숲을 걷다 보면 낙엽 더미 속에서 그런 구덩이를 자주 만나게 돼요. 노루는 매일 밤 잠잘 곳을 새로 만들거든요.

그런 구덩이가 여러 개 나란히 늘어서 있으면 노루가 아니라 멧돼지의 침실이에요. 멧돼지는 대가족이 함께 살아서 잠도 다 같이 자거든요. 그래서 그런 잠자리에는 멧돼지 털이 흩어져 있을 거예요. 우리도 매일 머리카락이나 털이 빠지잖아요. 멧돼지도 우리처럼 털이 빠지니까 잠자리에 묻죠. 하지만 땅에서 자는 것은 여름 한 철이에요. 겨울이 되면 멧돼지는 폭신한 침대를 만들어요. 장소는 땅 밑이 아니라 빽빽한 덤불 속이에요. 멧돼지가 제일 좋아하는 장소는 가시가 많은 블랙베리 덤불 속이랍니다. 멧돼지 말고는 아무도 들어가고 싶어 하지 않는 곳이죠. 숲에 들어갔다가 큰 블랙베리 덤불을 보거든 쪼그리고 앉아 살펴보세요. 아마 안으로 들어가는 입구가 있을 거예요. 멧돼지가 정말로 그 입구로 들락거린다면 잎에 진흙이 묻어 있을 거예요. 멧돼지는 진흙 목욕을 워낙 좋아해서 몸에 묻은 진흙이 덤불의 잎에 떨어지는 거죠.

Quiz 퀴즈

숲에 사는 다음 두 동물 중에 몸무게가 많이 나가는 동물은 누구일까요?

🍃 사슴   🍃 멧돼지

정답: 멧돼지. 나이가 든 멧돼지 중에는 200킬로그램이 넘는 녀석도 있어요. 사슴은 체격 좋은 장정보다 약간 몸이 나가요. 160킬로그램쯤에 안 돼요.

멧돼지는 서로 몸을 비비며 다정하게 지내요. 여름에는 너무 덥기 때문에 풀로 잠자리를 만들지 않고 그냥 차가운 땅바닥에 누워서 자지요.

멧돼지는 블랙베리 덤불 속에 들어가 움푹 팬 곳을 만들어요. 그리고 풀과 낙엽을 물고 와 그 밑에 깔아요. 그럼 폭신폭신하고 따뜻한 자리가 만들어지죠. 그 위에 다시 이끼를 깔면 멧돼지의 침대가 완성되어요. 그 멋진 침실을 하룻밤만 사용하고 버릴 리 없겠죠? 겨울에 눈이 내려도 블랙베리 덩굴이 가려 주니까 침실까지 눈이 들어오지 않아요. 멧돼지는 이 부드럽고 아늑한 침대에 누워 행복한 꿈을 꿀 수 있어요.

멧돼지는 아무 데나 볼일을 보지 않아요. 워낙 깨끗한 걸 좋아해서 집에 냄새가 나면 싫어해요. 그래서 똥이 마려우면 조금 떨어진 곳으로 가서 싸요. 멧돼지 친척인 집돼지들은 그럴 수 없어요. 좁은 우리에 갇혀 살기 때문에 그 안에서 자고 먹고 싸야 해요. 자기가 싼 똥 위에서 잘 수밖에 없으니까 집돼지들이 고약한 냄새를 풍기는 거예요. 멧돼지한테서는 나쁜 냄새가 나지 않아요. 멧돼지한테서는 맛난 수프 냄새가 나요. 그러니까 숲에 들어갔다가 어디선가 맛있는 수프 냄새가 나거든 멧돼지가 근처에 있다고 생각하면 돼요.

숲-정보

멧돼지

멧돼지는 위험한 동물이야! 그런 소리를 자주 들어요. 하지만 그 말은 틀렸어요. 멧돼지는 사실 사람을 무서워해요. 여러분 같은 어린아이들도 무서워하죠. 지금 저 앞에 있는 인간이 사냥꾼인지 아닌지 알 수가 없기 때문이죠. 그래서 사람만 보면 냅다 도망을 친답니다. 멧돼지가 가까이 다가오는 사람을 무는 것은 도망칠 수 없을 정도로 심하게 몸을 다쳤기 때문이에요. 그러니까 멧돼지를 보거든 가까이 다가가면 안 돼요.

우리가 집에서 키우는 돼지는 원래 멧돼지였어요. 그래서 멧돼지보다 행동이 굼뜨고 털이 없기는 하지만 생김새가 무척 닮았죠. 집돼지가 털이 없는 이유는 돼지우리가 숲보다 따뜻해서 털이 필요 없기 때문이에요.

멧돼지도 우리가 좋아하는 음식을 제일 좋아해요. 하지만 숲에는 초콜릿이나 햄버거가 없으니까 도토리나 쥐, 버섯을 찾아 먹는답니다.

숲 속의 재주꾼

동물들은 정말 똑똑해요. 머리가 좋으니까 할 줄 아는 것도 많지요. 새들은 겨울 식량을 숨겨 놓았다가 몰래 찾아서 먹어요. 개미는 가축을 기르고 아기 사슴은 학교에 다녀요. 철새는 따뜻한 남쪽을 어떻게 알고 찾아갈까요?

동물도 학교에 다니나요?

숲에서 살려면 알아야 할 것이 한두 가지가 아니에요. 아기 동물들은 똑똑하지만 그것만으로는 부족하지요. 험한 세상에서 살아남으려면 배울 것이 많거든요. 공부하려면 학교에 가야겠죠? 학교가 없는 숲에서 아기 동물들은 어떻게 공부를 할까요?

작은 비행기가 새끼 새들에게 남쪽으로 가는 길을 가르쳐 주고 있어요. 엄마 없이 자란 새들이 비행기 조종사에게 남쪽으로 가는 길을 배우는 중이죠.

숲에는 학교가 없어요. 책상과 의자가 있고 운동장이 있는 그런 학교는 없어요. 하긴 학교가 있다면 더 이상할 거예요. 하지만 숲에서 살려면 많은 공부를 해야 해요. 어디가 위험한 곳인지, 어디가 안전한 곳인지, 어떤 걸 먹으면 안 되는지 알아야 하죠. 숲속 동물 아기들에게 그런 정보를 알려 주는 선생님은 엄마 아빠예요. 그래서 사슴 아기들은 어디를 가나 엄마랑 딱 붙어 다녀요. 엄마가 어떤 길로 가면 좋은지 가르쳐 주지요. 사슴도 우리처럼 어수선하게 엉클어진 덤불을 비집고 다니면 불편하니까요. 사슴은 수풀 사이로 난 좁은 오솔길들을 잘 알고 있어요. 그런 오솔길 중에는 100년이 넘도록 사용해 온 길도 있어요. 보통 이런 길은 맛난 풀이 잔뜩 자라는 작은 풀밭이나 잠시 비를 그을 수 있는 작은 숲으로 이어지지요.

사슴도 우리처럼 비에 젖으면 싫을 테니까요. 아기 사슴은 엄마를 따라 다니며 그 모든 정보를 하나하나 배운답니다.

아기 새들도 엄마 아빠한테서 많은 것을 배웁니다. 앞에서도 설명했듯 새들은 종에 따라서 노래가 다 달라요. 그래서 노래만 듣고도 친구를 알아볼 수

Quiz 퀴즈

나비는 건강한 식물을 찾아서 알을 낳아요. 어떻게 건강한 식물을 고를 수 있을까요?

🍃 눈으로 보고서 알아요.

🍃 발을 이용해 맛을 보고서 알아요.

정답: 발을 이용해 맛보고 알아요.
나비는 식물 잎사귀에 앉을 때 발을 이용해 맛을 봅니다. 건강한 식물 잎은 맛이 좋고, 병든 식물 잎은 맛이 나빠요. 그래서 나비는 아기 식물이 태어날 때 건강한 식물을 골라서 알을 낳아요.

80

있지요. 엄마 새와 아빠 새는 이런 노래를 아기에게 가르쳐요. 아기는 금방 배울 수 있어요. 엄마 새와 아빠 새가 매일매일 같은 노래를 부르니까요. 가끔은 다른 노래를 배우기도 해요. 도심이나 정원에 지은 둥지에서 자라는 아기 새는 휴대 전화 벨 소리 같은 인간의 소리를 듣고 자라겠죠. 그래서 휴대 전화 벨소리를 흉내 내는 새들이 자꾸만 많아지고 있어요. 뭐, 그래도 괜찮아요. 아기 새들은 엄마 아빠한테서 노래를 배울 테니까 그 노래로 나중에 다른 새들과 이야기를 할 수 있을 거예요.

어떤 새들은 가을이 되면 남쪽으로 날아가요. 겨울이 되면 날씨가 너무 춥고 먹을 것도 없거든요. 남쪽까지는 정말로 머나먼 길이에요. 어떨 땐 수천 킬로미터를 날아가야 해요. 새들은 지도도 없고 내비게이션도 없는데 어떻게 길을 찾아갈까요? 엄마 아빠가 아기 새에게 남쪽으로 가는 길을 알려 준답니다. 아기 새는 엄마 아빠 뒤를 졸졸 따라다니면서 길을 익히죠.

큰 새장에서 자라는 새들도 있어요. 학자들이 희귀종 새의 알을 구해서 기계에서 부화를 시킨 다음 새장에서 키우다가 어른이 되면 자연으로 돌려보내지요. 그런데 이 새들은 엄마 아빠 새와 함께 살지 않았기 때문에 자기가 사람인 줄 알아요. 뭐, 그건 상관없어요. 하지만 사람은 날지를 못하잖아요. 가을에 남쪽으로 날아가는 길을 어떻게 가르칠 수 있을까요? 다행히 작은 비행기가 있어요. 학자들이 비행기를 타고서 아기 새들과 함께 따뜻한 남쪽으로 날아가지요. 그럼 이다음에 그 새들이 자라 엄마 아빠가 되면 아기 새들을 데리고 가면서 길을 가르쳐 줄 수 있겠지요.

딱정벌레와 나비는 새끼들에게 무엇을 가르쳐 줄까요? 엄마가 알을 아무 데나 낳고 휙 날아가 버리기 때문에 새끼들은 엄마 아빠한테서 정보를 얻을 수 없는데요. 그래도 알에서 깬 애벌레는 혼자서 씩씩하게 잘 살 수 있답니다. 함께 알에서 깨는 형제자매가 엄청나게 많기 때문이지요. 그러니까 애벌레가 자라는 숲은 선생님이 없는 교실과도 같아요. 애벌레는 태어날 때부터 꼭 필요한 정보를 다 알고 있답니다.

숲에 난 길

노루와 사슴과 멧돼지가 다니는 길은 이렇게 생겼어요. 좁은 오솔길이지만 여러분도 걸을 수 있어요. 동물들이 이 길을 진짜로 사용하는지 알려면 길 양쪽 관목에 묻은 흔적을 보면 돼요. 이런 길은 보통 숲을 가로지르는 지름길이기 때문에 남들보다 빨리 갈 수 있어요. 하지만 조심해야 해요. 이런 길엔 진드기가 엄청 많아요. 녀석들이 지나다니는 동물들을 노리고 모여 있거든요.

곤충은 얼마나 똑똑할까요?

크기가 작은 동물은 머리도 작아요. 머리가 작으면 당연히 뇌도 작겠지요. 그 작은 뇌로 생각이란 것을 할 수 있을까요?

꽃등에는 머리가 작지만 절대로 멍청하지 않아요. 상처 난 나무껍질에서 흘러나오는 수액을 좋아하지요.

벌과 파리는 크기가 작아요. 몸집이 작으면 많이 먹지 않아도 살 수 있지요. 배가 작기 때문에요. 숲에 사는 곤충들은 식물의 수액을 좋아해요. 달콤한 꽃꿀이나 나무의 상처에서 흐르는 진액을 즐겨 마시지요. 그 안에 당분과 약간의 염분이 들어 있거든요. 숲에 사는 작은 곤충들은 홀짝 한 모금만 마셔도 배가 부르니까 숲에서 나오는 수액을 다 합치면 정말로 많은 벌과 파리가 실컷 먹고도 남을 거예요. 그래서 숲에는 곤충이 많이 산답니다. 그 덕분에 우리는 곤충을 숲 안에서도 숲 밖에서도 많이 볼 수 있어요.

파리를 잡아 봤나요? 쉽게 잡히지 않을 거예요. 엄청 빠르기 때문이죠. 이유가 뭘까요? 파리의 몸집이 작아서 그래요. 몸집이 작으니까 뇌에서 날개까지 가는 거리도 매우 짧아요. 그래서 파리는 겁을 집어먹는 순간 곧바로 휙 날아갈 수 있어요. 사람은 뇌에서 다리까지의 거리가 1미터는 되기 때문에 다리를 들어서 도망을 치라는 뇌의 명령을 발까지 전달하는 데 많은 시간이 걸리겠죠. 파리는 그 거리가 몇 밀리미터밖에 안 되기 때문에 우리보다 훨씬 빨리 움직일 수 있답니다.

퀴즈

벌은 왜 꿀을 모을까요?

🍃 겨울에 난방을 하려고   🍃 달콤한 것을 좋아해서 먹으려고

정답: 가을에 벌집을 짓고 거기에 꿀을 모아야 해요. 그래야 추운 겨울 동안 식구들과 함께 꿀을 먹으면서 다 같이 따뜻하게 지낼 수 있답니다. 그래서 벌이 꿀을 모으는 건 난방을 하기 위해서예요. (미나리아재비과의 식물에서 수집한 꿀에는 독이 있답니다. 세상 모든 동물은 자신들이 살고 있는 곳의 환경을 더 잘 이용하기 위해 진화하거든요.)

따라 해 보세요!

현미경을 들고 숲으로 들어가 봅시다. 흙을 한 줌 쥐어서 그 속에 뭐가 있는지 살펴보세요. 숲속 흙에는 작은 동물들이 많이 살아요. 녀석들은 낙엽을 먹거나 다른 작은 동물을 먹고 살지요. 톡토기는 기다란 흰색 곤충이에요. 날개는 없지만 녀석은 정말로 멀리 뛸 수 있어요. 진드기는 작고 갈색이며 동글동글하게 생겼지요. 녀석은 갈색이 된 나뭇잎 찌꺼기를 좋아하고 버섯의 즙을 마시죠.

흙 한 줌에는 지구에 사는 인간의 숫자보다 많은 생물이 산답니다.

곤충의 작은 머리에선 다른 일도 일어난답니다. 학자들이 연구를 해 보니 파리는 자면서도 다리를 움찔거린다고 해요. 다른 동물들도 그렇고 우리 인간도 그래요. 그건 꿈을 꾸기 때문이에요. 우리가 자면서 팔과 다리를 움찔거리는 것은 달리는 꿈을 꾸기 때문이죠. 또 눈은 감고 있지만 눈꺼풀 밑에서는 눈동자가 이리저리 굴러요. 파리가 다리를 떠는 것도 꿈을 꾸기 때문일지 몰라요. 학자들도 정확히는 알 수 없지만, 사람도 꿈을 꾸는데 초파리라고 뭉개진 바나나 꿈을 꾸지 말라는 법이 어디 있을까요?

파리는 자기가 살아 있다는 것을 알까요? 오랫동안 학자들은 그렇지 않다고 생각했어요. 곤충은 컴퓨터의 조종을 받는 로봇과 같다고 생각했어요. 날고 먹고 여러 가지 일을 하지만 자신과 세계에 대해 고민하지는 않는다고 생각했죠. 하지만 파리는 자기가 어디에 있는지 알아요. 자기가 누구인지도 알아요. 그것만이 아니에요. 벌은 사람의 얼굴도 기억해요. 그래서 자기를 괴롭히는 사람을 알아보고 침으로 찔러버려요.

파리와 벌은 여름에 몇 주밖에 살지 못해요. 정말 짧은 시간이죠? 하지만 녀석들은 우리만큼 오래 산다고 생각할 거예요. 빠르기 때문에 우리보다 훨씬 많은 경험을 하거든요. 그렇게 빠르게 움직이려면 힘들지 않을까요? 아마 파리는 다르게 생각할 거예요. 이렇게요. '아이고, 인간들은 어쩜 저렇게 느리지? 나무만큼 느리게 움직인다니까.'

숲속 최고의 탐정은 누구일까요?

겨울에 먹을 것이 없어 굶어 죽지 않으려면 식량을 저장해 두어야 해요. 어치는 추운 겨울을 대비해서 가을에 수천 개의 먹이를 땅에 묻어 두어요.

어치의 뇌는 상당히 작아요. 하지만 우리와 다르게 작동하기 때문에 작아도 생각을 잘할 수 있어요. 어치는 먹이를 숨겨 놓은 곳을 정확하게 기억할 수 있어요. 도토리나 너도밤나무 열매는 6개월이 지나도 싱싱하지만 죽은 지렁이는 며칠만 지나도 썩어 버릴 거예요. 어치는 그 사실을 알고 지렁이를 먼저 먹어 치워요. 정말 똑똑하지 않은가요?

어치는 식량을 땅에 묻을 때 다른 어치가 보고 있는지 잘 살펴요. 애써 묻은 식량을 다른 어치가 훔쳐 먹을지도 모르잖아요. 새들도 남의 식량을 훔쳐 먹거든요. 어치는 기억력이 정말 좋아서 식량을 어디에 묻었는지 정확히 기억해요. 그래야 겨울에 눈이 내려 먹을 것이 없을 때 묻어 둔 식량을 꺼내 먹을 수 있을 테니까요. 배고픈 어치가 휙 날아서 어딘가에 내려앉아요. 부리로 땅을 한 번만 톡 치면 짜잔! 식량이 튀어나와요. 어치는 최대 1만 군데까지 장소를 기억할 수 있어요. 하지만 그렇게 많이 기억할 필요는 없어요. 도토리나 너도밤나무 열매 2천 개면 한겨울을 무사히 날 수 있으니까요. 하지만 혹시 부족할지도 모르니까 어치는 수천 개의 열매를 땅에 묻어요. 나무는 어치에게 감사장을 전달해야 해요. 어치가 먹지 않은 씨앗들이 이듬해 봄에 싹을 틔워 아기 나무로 자라거든요.

어치

나무가 고를 수 있다면 나무는 누구에게 자기 씨앗을 모아서 땅에 파묻어 달라고 부탁할까요?
누가 제일 잘할 수 있을까요?

🍃 다람쥐
🍃 들쥐
🍃 어치

정답: 어치. 들쥐나 다람쥐는 한겨울에 돌아다닐 수 없고 씨앗을 옮기기 때문에 배가 고플 수 있어요. 하지만 어치는 싱싱한 도토리를 묻어 둔답니다.

따라 해 보세요!

너도밤나무 열매는 먹을 수 있을까요? 날것으로 먹으면 살짝 독성이 있지만 1~2개쯤은 먹어도 괜찮아요. 더 많이 먹으려면 프라이팬에 기름을 넣지 말고 살짝 구우면 돼요. 구우면 정말 맛있고 건강에도 좋아요. 구울 땐 꼭 껍질을 먼저 벗기세요.

숲-정보

유럽 다람쥐

유럽 다람쥐는 나무를 잘 타죠. 북슬북슬한 큰 꼬리로 균형을 잘 잡거든요. 유럽 다람쥐는 불만이 많은 투덜이여서 친척 다람쥐들을 별로 좋아하지 않아요. 하지만 다른 다람쥐가 어려운 처지에 놓이면 남은 새끼들을 입양하기도 해요.
유럽 다람쥐는 나무줄기에 집을 마련하거나 큰 공 모양의 굴을 파요. 그 안에 이끼를 깔아서 폭신하게 만들어요. 유럽 다람쥐는 집이 여러 채이기 때문에 자주 이사를 다녀요. 이사를 갈 때는 새끼들을 목에 빙빙 둘러요. 새끼들은 엄마를 놓칠세라 엄마 목을 꽉 붙들지요.

그래서 산림관들도 어치를 무척 아낀답니다. 어치 덕분에 공짜로 새 숲이 생기니까요.

유럽 다람쥐도 가을이면 겨울 식량으로 쓰려고 나무의 씨앗을 모아서 땅에 파묻어요. 하지만 어치와 달리 꼭 필요한 양만 모아요. 그런데 워낙 깜빡깜빡해서 어디다 파묻었는지 기억을 잘 못해요. 그래서 겨울이면 이런 장면을 자주 볼 수 있어요. 유럽 다람쥐가 여기를 파다가 저기를 파다가 가만히 앉아서 고민에 잠긴 장면을요. 내가 대체 어디다 묻었지? 하지만 아무리 고민해도 끝까지 기억을 못 하는 경우가 많아요. 그래서 슬프게도 많은 유럽 다람쥐가 굶어 죽는답니다. 유럽 다람쥐가 까먹은 장소는 이듬해 봄이 되면 알 수 있어요. 거기에서 아기 나무가 자라거든요. 유럽 다람쥐가 여러 개의 열매를 한 구멍에 집어넣은 곳에서는 꽃다발처럼 여러 그루의 아기 나무가 함께 자란답니다. 그중에서 이듬해까지 살아남는 나무는 겨우 한 그루밖에 안 되지요.

들쥐도 나무 열매를 겨울 식량으로 보관합니다. 보통 속이 빈 나무에 열매를 숨겨 두지요. 그 안에 있으면 여우한테 들키지 않고 마음 편하게 열매를 먹을 수 있거든요. 그렇지만 어쩌다 그만 여우한테 잡아먹히면 녀석이 모아 놓은 열매는 이듬해 봄까지 나무에 남아 있겠지요. 하지만 싹을 틔울 수는 없어요. 텅 빈 나무 속에는 빛이 들어오지 않고 물도 없기 때문이지요.

유럽 다람쥐가 묻어 두고 잊어버린 식량이 자라 너도밤나무 아기 나무가 되었어요.

85

어떤 동물이 가축을 칠까요?

인간은 가축이나 애완동물을 길러요. 개와 고양이, 소와 말을 키우지요. 그것 말고도 많은 동물을 키워 이용하거나 가족으로 삼아요. 동물들은 어떨까요? 우리처럼 가축을 기르는 동물이 있을까요?

개미는 진딧물을 보호하려고 무당벌레를 공격합니다.

나무는 진딧물을 싫어해요. 진딧물이 잎에서 즙을 빨아 먹거든요. 나무가 고생고생해서 만든 귀한 당분을 진딧물은 흥청망청 써 버려요. 배가 터질 정도로 빨아 먹고는 다시 똥구멍으로 밀어 내서 나무 밑으로 떨어뜨려요. 그래서 진딧물이 많은 나무 밑에 자동차를 세워 두면 차에 온통 끈적이는 물방울이 달라붙어 있어요. 여름에 차를 타고 가로수 길을 달릴 때 앞 유리창을 한번 잘 살펴보세요.

개미는 진딧물이 배설하는 그 단물을 좋아해요. 그래서 진딧물이 모여 있는 나무로 기어 올라가죠. 어찌나 단물을 좋아하는지 진딧물의 똥구멍에 입을 대고 진딧물이 배설하는 단물을 곧바로 받아먹기도 해요. 우웩! 오줌을 받아먹어요? 괜찮아요. 진딧물의 똥구멍에서 나오는 단물에는 물하고 설탕밖에 없어요. 그래서 사람 오줌처럼 노랗지 않고 맑답니다.

개미가 배가 너무 고프면 진딧물이 단물을 배설할 때까지 참고 기다리지 못해요. 그래서 농부가 소젖을 짜듯이 진딧물의 단물을 짜지요. 개미가 더듬이로 진딧물의 똥구멍을 빠르게 두드리면 진딧물이 단물을 배설하거든요. 개미는 그 단물을 입으로 받아서 집으로 가져가요. 개미는 커다란 집에 온 식구가 모여 살아요. 그래서 그 단물을 다른 개미들과 나눠 먹지요.

소를 키우는 농부는 소가 도망치지 못하게 울타리를 쳐요. 개미도 마찬가지예요. 말뚝과 전선으로 울타리를 만들어 칠 수는 없어도 진딧물이 도망치지 못하도록 꾀를 내죠. 진딧물은 나뭇잎의 밑면에 모여 있어요. 거기 있으면 비가 내려도 젖지 않아요. 진딧물도 우리처럼 몸이 젖는 걸 싫어하거든요. 진딧물이 그곳을 떠나지 못하게 하려고 개미는 두 가지 잔꾀를 부립니다. 진딧물은 날개가 돋아서 딴 곳으로 날아갈 수 있어요. 그 날개를 개미가 물어뜯어 버리는 거예요. 그럼 진딧물은 딴 곳으로 날아갈 수 없게 되어요. 날개가 없어도 그냥 쪼르르 달려가면 안 되나요? 다리는 있을 테니까요. 개미도 진딧물의 다리까지 물어뜯지는 않아요. 그 대신 다른 방법을 쓰지요. 개미가 진딧물의 주변을 왔다 갔다 하면 이상한 냄새가 나요. 그 냄새를 맡으면 진딧물은 정신이 몽롱해지고 졸려요. 술에 취한 사람처럼 행동이 느려지고 움직이지 않으려고 해요.

그렇다고 진딧물이 고달프게 사는 것은 아니에요. 진딧물은 나뭇잎에 앉아서 제일 좋아하는 일만 하면 돼요. 단물을 마시는 거예요. 그럼 개미가 알아서 든든하게 지켜 줘요. 진딧물의 천적인 무당벌레를 개미가 막아 주거든요. 무당벌레가 다가오면 개미가 나서서 쫓아 버려요. 그래서 진딧물은 마음 편히 살 수 있어요.

Quiz 퀴즈

숲에서 딴 꿀은 정말 달콤하지요. 벌은 그 꿀을 어디서 물어 올까요?

🍃 숲에 핀 꽃의 꽃꿀을 따 옵니다.
🍃 진딧물의 똥구멍에서 따 옵니다

정답: 진딧물의 똥구멍에서 따 옵니다. 우리가 먹는 꿀은 사실 진딧물의 똥이에요. 꽃은 따로 꿀벌이 아니라 식물의 꽃가루를 옮겨 주기 위해 벌에게 꽃꿀을 내어 줘요. 그걸 꿀벌이 모아서 꿀을 만들어요.

따라 해 보세요!

개미가 가축으로 기르는 진딧물을 얼마나 잘 보살피는지 보고 싶다면 풀 줄기를 하나 뽑아 보세요. 그 풀 줄기를 들고 근처 나무의 잎들을 가만히 살펴보면 아래쪽에 진딧물이 오글오글 모여 있는 잎이 있을 거예요. 나뭇가지를 타고 개미도 왔다 갔다 하고 있을 거예요. 잘 찾았어요. 풀 줄기로 진딧물을 간질간질 건드려 보세요. 개미가 진딧물을 지키려고 당장 쪼르르 달려와서 몸을 세울 거예요. 그건 "꺼져!"라는 뜻이에요. 진딧물을 공격하는 동물이라고 생각해서 개미가 풀 줄기를 물어뜯을지도 몰라요.

숲에도 환자가 있어요

사는 동안 누구나 병이 들 수 있지요.
사람도, 동물도, 물론 숲의 나무도요.
병든 나무는 어떻게 알아볼까요?
어떻게 하면 진드기에게 물리지 않을까요?
숲에도 병원과 약국이 있나요?

왜 나무에서 버섯이 자랄까요?

버섯은 참 이상해요. 동물도 아니고 식물도 아니거든요.
앞에서 살펴본 대로 나무를 도와 숲의 인터넷 노릇을 톡톡히 하지만
나무를 해치는 버섯도 있어요.

버섯 중에는 나무를 돕기는커녕 나무의 목질과 당분을 노리는 녀석들도 있어요. 나무를 맛난 음식이 가득 들어 있는 창고라고 생각하는 거죠. 하지만 그 창고에 들어가기란 만만치 않은 모험이에요. 나무가 버섯을 용감하게 물리칠 수 있거든요. 나무는 껍질이 둘러싸고 있어요. 그래서 껍질이 다치거나 마르지 않으면 목질이 있는 곳까지 버섯이 들어갈 수가 없어요. 목질이 껍질 안쪽에 있기 때문이죠. 버섯은 물기가 있는 곳을 좋아하지만 물이 너무 많으면 살 수 없어요. 우리처럼 숨을 쉬어야 하거든요. 숨을 쉬려면 공기가 필요한데 나무껍질 안쪽에는 수관이 흐르고 있어서 목질에도 물이 많아요. 그래서 그곳으로 들어간 버섯은 숨을 쉴 수 없어 죽을 것이고 나무는 건강하게 살 수 있지요.

줄기에 난 이 상처는 너무 커서 아물려면 몇 년이 걸릴 거예요. 버섯이 이런 기회를 놓칠 리 없겠죠. 상처를 파고들어 목질로 들어가서는 목질을 갉아 먹어요.

그런데 나무에 상처가 생기는 일이 있어요. 이웃 나무가 넘어지면서 줄기를 건드리면 그 자리의 껍질이 벗겨지면서 안쪽 목질이 겉으로 드러나겠죠. 그럼 10분도 채 지나지 않아 버섯 포자들이 상처에 내려앉아요. 버섯의 포자는 작은 씨앗과 같아요. 이제부터 그곳에서 버섯이 쑥쑥 자랄

Quiz 퀴즈

세상에서 가장
나이가 많은 버섯은
몇 살일까요?

- 150살
- 1300살
- 2400살

정답: 2400살. 유에서 자라는
뽕나무버섯인데 무게가 10세제곱미터
나비까지 퍼졌고 키가 600킬로미터
나간다고 해요.

거예요. 포자는 사방을 떠다녀요. 우리가 들이쉬는 공기에도 포자가 있어요. 우리 몸은 포자를 들이마셔도 끄떡없지만 나무의 상처에 포자가 내려앉으면 버섯으로 자라나서 목질을 망가뜨려요. 그럼 줄기가 썩기 때문에 위험하지요. 버섯이 목질을 다 파먹기 때문에 그 상태로 몇 년이 지나면 아름드리 줄기도 난로 연통처럼 속이 뻥 뚫려요. 속이 빈 줄기는 수관의 무게를 이기지 못할 것이므로 줄기가 우두둑 부러지고 말겠지요.

나무에 자라는 버섯

나무에 핀 버섯갓은 지붕 역할을 해요. 버섯갓은 버섯 줄기 위에 우산처럼 덮인 넓적한 부분이에요. 윗면은 방수라서 빗물을 막아 주고 아랫면에는 작은 구멍이 나 있는데 거기에서 포자가 자라지요. 버섯의 포자는 가루처럼 고와서 물기가 있으면 금방 달라붙어요. 하지만 지붕이 빗물을 막아 주기 때문에 아랫면은 항상 뽀송뽀송해요. 날씨가 건조하면 포자가 떨어져 나와 바람을 타고 이웃 나무한테로 날아가요. 나무가 쓰러지면 그 줄기에 버섯이 자라는데 똑같이 위에는 지붕이 있고 아래에는 구멍이 나도록 자리를 잡아요. 하지만 일단 자리를 잡으면 위치를 바꿀 수 없기 때문에 나무가 쓰러지기 전에 자라기 시작한 버섯은 금방 알아볼 수 있어요.

상처의 크기가 동전보다 작으면 나무는 2~3년 안에 새 껍질을 만들어 상처를 덮을 수 있어요. 그러면 안쪽 목질이 다시 물에 젖을 것이고 버섯은 죽고 말 거예요. 상처가 크면 아무는 데 훨씬 더 오랜 시간이 걸리기 때문에 버섯이 거침없이 퍼져 나갈 수 있어요. 물론 매우 느릿느릿 자라지만 몇 년이 지나면 줄기 곳곳에 버섯이 생겨나 껍질을 뚫고 밖으로 나오죠. 그럼 우리도 버섯갓을 볼 수 있어요. 버섯갓은 접시를 반으로 잘라 놓은 것처럼 생겼고 줄기를 따라 층층이 늘어서 있어요. 버섯갓이 바깥에서 보일 정도면 그 나무는 몇 년 지나지 않아 쓰러지고 말 거예요.

그래도 그런 나무 버섯을 숲에 나쁘다고 생각할 수는 없어요. 어차피 버섯은 건강하고 다치지 않은 나무에서는 자라지 않거든요. 또 이런 버섯갓을 먹고 사는 딱정벌레도 많아요. 대부분 희귀종 벌레들이지요. 산 주인들은 버섯이 자라는 나무를 보면 얼른 베어 버려요. 버섯이 목질을 다 먹어 치우면 나중에 나무를 팔 수 없을까 봐 겁이 나서 서둘러 베어 내는 거예요.

도시에서는 버섯이 자라는 나무를 보면 얼른 베어야 해요. 그냥 두면 나무가 쓰러지면서 사람이나 집, 자동차를 다치게 할 수 있거든요. 길가에 병든 나무가 서 있으면 정말로 위험해요. 하지만 숲에서는 그냥 내버려 두는 것이 더 좋아요. 버섯을 먹고 사는 희귀종 벌레들이 자랄 수 있을 테니까요. 그리고 버섯은 아주 느릿느릿 자라기 때문에 버섯이 자라는 나무도 운이 좋으면 50년 넘게 더 살 수 있어요.

나무는 왜 아플까요?

나무도 우리처럼 아플 수 있어요. 나무의 병은 우리랑은 달라요.
콧물을 흘리거나 기침을 하거나 배가 아프지는 않지요.
그렇지만 병 때문에 죽을 수도 있어요.

이 너도밤나무들은 나무좀의 습격을 받았어요. 나무좀은 순식간에 퍼져 나가고 또 식욕도 왕성하기 때문에 여기 이 나무들의 껍질을 모조리 먹어 치웠어요.

나무를 가장 많이 아프게 만드는 범인은 버섯이에요. 앞에서도 설명했듯 버섯 때문에 줄기가 썩거든요. 버섯 말고도 나무를 아프게 하는 것이 있어요. 박테리아의 습격을 받은 나무는 껍질에 생채기가 나서 피를 흘려요. 나무의 피는 물처럼 생겼고 해가 쨍쨍한 날에만 볼 수 있어요. 비가 오면 줄기가 빗물에 젖어서 구별이 안 되지요.

버섯이나 박테리아 때문에 병이 들어도 운이 좋으면 나무는 오래오래 살 수 있어요. 하지만 아무래도 병이 들면 몸이 허약해지겠죠. 특히 활엽수는 수관 꼭대기의 가지가 많이 죽는답니다. 그건 나무가 건강하지 못하다는 신호예요.

동물 때문에 나무가 아플 때도 있어요. 딱정벌레가 나무껍질을 뚫고 안으로 들어가지요. 그러면 껍질에 작은 구멍이 송송 뚫리고 나무는 얼마 못 가 죽고 말아요. 침엽수는 활엽수와 달리 병이 들어도 나뭇가지는 죽지 않아요. 그 대신 침엽이 줄줄 떨어져 내리지요. 건강한 나무는 침엽을 몇 년 동안 꼭 붙들고 있어서 수관이 빽빽하고 짙은 녹색을 띠죠. 하지만 병든 침엽수는 잎을 많이 잃어버려서 밑에서 보면 하늘이 훤히 보여요. 또 가문비나무는 병에 걸리면 기운이 하나도 없는 사람처럼 가지를 축 늘어뜨리죠.

겨울에 보면 영락없이 죽은 것 같은 침엽수가 있어요. 낙엽송인데요, 활엽수처럼 가을에 잎을 다 떨어뜨려요. 하지만 죽은 나무는 대부분 껍질도 떨어지고 없는데 한겨울의 낙엽송은 다른 모습이죠. 껍질이 성성하거든요.

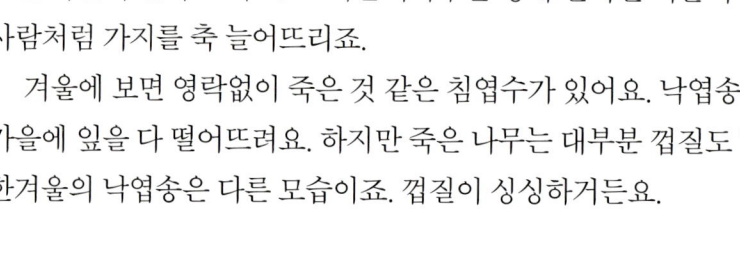

병든 나무를 도와주는 나이팅게일은 없을까요?
엄마 아빠가 여러분을 보살펴 주듯 병든 나무는
친구들끼리 서로 보살펴 준답니다. 건강한 친구 나무들이 뿌리로
아픈 친구에게 당분을 나누어 줘요. 그럼 아픈 나무가 힘을 내서 병과
맞서 싸울 수 있어요. 숲 바닥에도 도움의 손길이 있어요. 나무뿌리를
먹어 치우려는 버섯을 물리쳐 주는 다른 종의 버섯이 있거든요. 하지만
숲에는 나무 의사가 없어서 병든 나무를 치료해 주지 못해요.

도시에서는 사람들이 병든 나무를 보살펴 줘요. 약을 주기도 하고
넘어지지 않도록 버팀목을 세워 주기도 하지요. 줄기에 밧줄을 묶어
땅에 고정하거나 다른 나무에 매어서 나무를 붙잡아 주지요. 또
나무에게 지팡이를 주기도 해요. 철봉으로 수관의 굵은 가지를 받쳐
주어 나무가 쓰러지지 않게 잡아 준답니다.

이런 도움의 손길이 충분하면 병든 나무도 다시 건강해질 수
있어요. 수관이 다 부러져도 오래오래 살 수 있어요. 친구들이
뿌리로 먹을 것을 넉넉히 나누어 주면 부러진 자리에서 다시 천천히
수관이 자라날 수도 있어요.

나무좀을 물리친 가문비나무는 줄기에 송진 방울을 주렁주렁
매달고 있어요. 이 방울에 나무좀을 빠뜨려 죽인 것이죠. 그런 나무는
용감하게 싸워 이긴 녀석이니까 듬뿍 칭찬해 주세요.

잠깐만! / 나방 사냥꾼

나무를 도와주는 동물도 있어요. 박쥐는 밤에 나방을 잡아먹어요. 나방은 어둠이 내리면 날아다니죠. 이 나방 애벌레들이 나뭇잎을 무척 좋아하는데, 어떨 때는 수가 너무 많아져서 나뭇가지에 달린 잎을 모조리 먹어 치우기도 해요. 그럼 나무가 잎으로 양분을 만들지 못하겠지요. 다행히 박쥐가 나무를 지켜 줘요. 박쥐는 나방을 무척 좋아해서 보는 족족 잡아먹어요. 어떨 때는 나무에 매달린 나방을 꽃봉오리를 따듯 콕 집어서 냠냠 먹는답니다.

따라 해 보세요!

숲에서 껍질이 벗겨진 침엽수를 보거든 한 조각 떼어 내서 하늘에 비춰 보세요. 아마 구멍이 송송 뚫려 있을 거예요. 그 구멍은 알에서 깬 나무좀 애벌레가 안쪽에서 껍질을 먹어 치워서 생긴 것이에요.

동물이 아프다는 걸 무엇을 보면 알 수 있을까요?

건강한 동물은 아름다워요. 털이나 깃털이 빽빽하고 윤기가 좔좔 흐르죠. 그리고 특히 엉덩이가 깨끗하답니다.

이 노루는 규칙적으로 털을 핥아서 깨끗하게 유지해요. 그래서 녀석이 건강하다는 것을 누구나 알 수 있죠.

엉덩이하고 건강하고 무슨 상관이 있을까? 언뜻 이런 생각이 들지 몰라도 깨끗한 엉덩이는 건강하다는 증거랍니다. 숲에는 휴지가 없기 때문에 엉덩이를 깨끗하게 유지하기가 우리 생각처럼 쉬운 일이 아니거든요. 물론 평소엔 휴지가 필요 없어요. 건강한 동물은 설사를 하지 않거든요. 건강한 동물은 덩어리나 콩알 모양의 똥을 싸기 때문에 똥구멍 주변이 더러워지지 않아요. 하지만 기생충 알이 묻은 풀을 먹고 기생충에 감염이 되면 건강한 똥을 쌀 수 없어요. 알에서 나온 기생충이 배 속을 휘젓기 때문에 배가 아파서 설사를 하게 되지요. 그럼 설사 자국이 엉덩이에 묻게 되고, 그걸 본 친구들은 감염된 친구를 가까이하지 않아요. 그래야 전염이 되지 않을 테니까요.

또 병이 든 동물은 몸이 너무 허약해져서 털을 가꾸지 않아요. 건강한 동물들은 매일 털을 핥아서 깨끗하게 유지하죠. 새들도 부리로 털을 골라 예쁘게 정리를 해요. 하지만 몸이 아프면 만사가 다 귀찮아져서 몸단장도 하지 않아요. 그래서 털이 헝클어지고 더러우며 깃털이 뒤엉켜 있어요.

병이 더 심해지면 가족과도 작별을 고해야 해요. 병이 심하면 힘이 없어서 식구들을 쫓아 달릴 수가 없거든요. 늑대나 살쾡이는 그런 동물을 보면 입맛을 쩝쩝 다시죠. 녀석들은 힘이 다 빠진 약한 동물을 금방 찾아낸답니다. 그런 동물이 가족과 같이 있으면 가족 모두가 위험해질 수 있어요. 그래서 병든 동물은 가족을 떠나 홀로 길을 나선답니다. 열이 나서 몸이 뜨거우면 알아서

건강한 노루의 똥은 이런 모양이에요. 작고 단단한 공 같죠. 똥구멍에서 바로 떨어지기 때문에 엉덩이가 더러워지지 않아요.

서늘한 계곡으로 내려가거나 차가운 물속으로 들어가지요.

숲에는 동물들을 고쳐 주는 의사는 없지만 약국은 있어요. 약을 파는 가게가 있는 것은 아니지만 곳곳에 약이 널려 있거든요. 숲의 약은 다양한 식물이에요. 기생충에 감염된 노루는 주목의 침엽을 먹어요. 주목은 작은 나무인데 독이 있어서 사람이나 다른 동물에게는 해롭지만 노루와 사슴은 그 독을 먹어도 괜찮아요. 그 주목의 침엽이 노루 배 속에 들어가서 기생충을 죽이지요.

약이 되는 식물을 먹고 병을 고치는 것도 좋지만 처음부터 병에 걸리지 않는 것이 제일 좋을 거예요. 몸에 좋은 음식을 먹고 비에 젖지 않고 푹 쉬면 건강하게 살 수 있어요. 사람도 그렇잖아요. 몸에 이로운 음식을 먹고 추위에 떨지 않고 마음을 편안하게 먹고 즐겁게 살면 건강하게 살 수 있어요.

주목은 독성이 있어서 사람들이 많이 베어 내죠. 그래서 요즘엔 숲에 들어가도 주목을 보기가 힘들어요.

앞에서도 말했지만 숲에는 동물들을 치료해 줄 의사가 없어요. 그렇지만 사람들이 병든 동물을 도와주기도 하지요. 예전에는 공수병이 참 무서운 병이었어요. 걸리면 꼼짝없이 죽었거든요. 공수병에 걸린 동물은 엄청나게 화가 난 것처럼 가까이 다가오는 것을 모조리 물어요. 그러면 물린 동물이나 사람에게도 병이 옮아요. 공수병에 걸리면 어떤 이유에서인지 물을 무서워해서 목이 말라도 물을 마시지 못하기도 해요. 공수병이라는 명칭도 물을 무서워하는 병이라는 뜻이에요. 예전에는 공수병 때문에 사람도 많이 죽었어요. 공수병을 퍼트리는 범인은 주로 여우였고요. 그런데 학자들이 예방 접종법을 발명했어요. 냄새가 심하게 나는 생선 찌꺼기로 주사위 모양의 미끼를 만들어 비행기에 싣고 날아올라 숲에 뿌리는 거예요. 그 안에 예방 백신이 든 캡슐이 들어 있어서 여우가 그 캡슐을 깨물면 그다음부터는 병에 걸리지 않아요. 그 덕분에 요즘엔 공수병에 걸려 죽는 동물이나 사람이 사라졌어요.

따라 해 보세요!

숲속 약국은 우리도 이용할 수 있어요. 숲에는 우리에게도 도움이 되는 식물이 많거든요. 엘더나 피나무의 꽃은 차로 끓여 마시면 기침에 좋아요. 박하차는 어떤가요? 박하는 소화를 돕고 감기를 낫게 하고 이를 튼튼하게 해 주지요. 하지만 아무 식물이나 함부로 따서 먹으면 안 돼요. 먼저 어른들에게 꼭 물어보아야 해요.

숲에 들어갈 때는 어떤 것을 조심해야 할까요?

숲에 사는 나무와 동물이 병에 걸릴 수 있으면 우리도 숲에 들어갔다가 병에 걸릴 수 있는 것 아닌가요? 걱정하지 말아요. 우리는 괜찮으니까요. 아저씨가 가르쳐 주는 대로만 하면 아무 일도 없을 거예요.

이 진드기는 누군가 곁을 지나갈 때까지 기다리고 있어요. 진드기는 땀 냄새를 맡을 수 있고 발소리를 들을 수 있어요. 냄새가 나거나 소리가 들리면 앞다리를 쭉 뻗고 기다리다가 다가오는 동물의 털에 얼른 올라타지요.

은 위험하다고 생각하는 사람들이 많습니다. 늑대나 큰 짐승이 무서워서라기보다는 아주 작은 동물들 때문이에요. 제일 대표적인 것이 진드기죠. 진드기는 거미처럼 생겼고 기어 다니는 곤충이에요. 쥐나 여우, 노루를 깨물어서 피를 빨아 먹지요. 혹시 집에서 개나 고양이를 키운다면 밖에 나갔다가 온 녀석들이 진드기를 데리고 들어온 일이 있었을지도 모르겠네요. 개나 고양이는 진드기에게 물리면 우리가 모기한테 물렸을 때처럼 간지러워하죠. 하지만 그것 말고 다른 일은 없으니까 안심해도 돼요.

그런데 진드기가 실수로 사람을 물 수 있어요. 그럼 물린 사람이 병에 걸릴 수도 있어요. 진드기의 침에 박테리아나 다른 병균이 들어 있기도 하거든요. 박테리아는 작은 생명체인데, 진드기가 물 때 피를 따라 우리 몸으로 들어와요. 거기서 번식을 해서 우리를 아프게 만들지요.

지만 조금만 주의하면 진드기한테 물리지 않을 수 있어요. 진드기는 행동이 정말로 느리거든요. 나무에서 우리 몸으로 바로 뚝 떨어지는 게 아니고 수풀에 숨어서 우리가 자기를 데려가 주기를 기다려요. 다리를 쭉 뻗고 있다가 여러분이 수풀을 지나갈 때 바지 아래쪽에 올라타지요. 그런데 거기서 기어서 몸속으로 들어가서 여러분을 깨물려면 하루 이상 걸리거든요. 그러니까 수풀을 빠져나오면 바지 아래쪽을 잘 살펴보세요. 검은 점 같은 작은 동물이 눈에 띄거든 툭툭 털어 버리세요. 그렇게만 해도 대부분의 진드기는 다 떨어져 나가요.

조심했는데도 진드기에게 물렸다면 집게로 진드기를 뽑아내야 해요. 하지만 여러분이 혼자 하겠다고 함부로 손을 대면 안 돼요. 진드기를 깨끗하게 빼내지 않으면 문제가 생길 수 있거든요. 물린 자리는 며칠 후에 붉게 변할 수도 있고 아무렇지 않을 수도 있어요. 그러니까 진드기에게 물리면 병원에 가서 즉시 뽑아내는 게 좋아요.

병든 동물을 보면 어떻게 해야 할까요?
- 산림관을 찾아서 알려 줍니다.
- 데리고 집에 갑니다.

정답: 산림관을 찾아서 알려 줍니다. 집에 데려갈 수 있다고 생각하지 마세요. 그럼 그 동물이 낫지도 않을 거예요. 야생 동물은 자유를 갈망해요. 게다가 산림관은 도와주려고 애쓰지만 야생동물 마음을 움직일 순 없답니다.

여우촌충도 조심해야 해요. 여우촌충은 여우의 배 속에서 살아요. 여우가 똥을 싸면 알이 밖으로 나오는데 크기가 먼지보다도 작아요. 사람들은 여우촌충 알이 바람을 타고 날아다니다가 나무 열매에 붙을지도 모른다고 생각해요. 그래서 블랙베리나 레드베리 같은 나무 열매를 함부로 따 먹으면 안 된다고 말해요. 열매에 묻은 촌충 알이 사람 배 속에 들어가서 사람을 아프게 할 수도 있으니까요. 하지만 숲에서 열매를 따 먹고 촌충에 감염될 수 있는지 정확히 아는 사람은 없어요. 그래도 혹시 모르니까 예방 차원에서 덤불 맨 위쪽에 달린 열매만 먹는 것이 좋겠죠.

하지만 아래쪽 가지에 달린 열매를 먹는다고 해도 감염되지는 않을 거예요. 주변에서 번개에 맞은 사람을 본 적이 있나요? 없죠? 여우촌충 알을 먹을 위험은 그보다 더 낮아요. 그러니까 숲에서 맛난 열매를 발견하거든 너무 겁내지 마세요.

숲은 생각처럼 위험하지 않아요. 오히려 도시보다 더 안전해요. 자동차가 다니지 않으니까 조심할 필요도 없어요. 덩치 큰 동물들은 우리 곁에 잘 오지 않아요. 숲에서 정해진 길로만 잘 다니면 덩치 큰 동물들을 만날 일이 없을 거예요. 그러니까 안심하고 숲으로 가서 멋진 체험을 해 보세요. 아저씨가 응원할게요!

숲의 계절

봄에는 싹이 나요. 새들은 둥지를 짓기 시작하지요. 여름에 더워지면 동물도 사람도 서늘한 숲속을 좋아합니다. 가을이 되면 단풍이 들어 온 숲이 아름답게 물들지요. 겨울 숲은 고요합니다. 많은 동물이 잠을 자기 때문이지요.

봄이 왔다는 것을 나무는 어떻게 알까요?

봄이 되면 천천히 기온이 올라가요. 나무는 겨울잠에서 깨어나 줄기로 물을 퍼 올리죠. 그리고 싹을 틔울 준비를 해요. 그런데 누가 나무의 잠을 깨워 줄까요?

너도밤나무 숲에 봄이 왔어요.
잎이 자라면 하루하루
어두워질 거예요.

나무는 우리처럼 엄마가 일어나라고 깨워 주지 않아요. 또 우리보다 훨씬 느릿느릿 눈을 뜨지요. 그래서 일어나는 데 여러 날이 걸릴 수도 있어요. 나무는 몸으로 기온이 오르는 걸 느껴요. 나무도 우리처럼 느낄 수 있거든요. 또 매일 해 뜨는 시간이 빨라지고 해 지는 시간이 늦어지는 것을 눈으로 확인한답니다. 그래요. 나무도 볼 수 있어요. 싹 비늘이 작은 창문처럼 투명해서 해를 통과시켜 주거든요. 싹 비늘을 통과한 햇살은 나뭇잎을 비추어요. 나뭇잎은 아직 비늘 안에 고이 접혀 있지만 색깔은 벌써 초록색이에요.

너도밤나무한테는 시계가 있어요. 하루에 환한 시간이 13시간이 될 때까지 기다렸다가 싹을 틔우지요. 그 정도면 확실하게 봄이 온 것이니까 마음 놓고 나뭇잎을 내밀어도 괜찮아요. 너무 일찍 싹을 틔우면 이른 봄이라고 해도 언제 꽃샘추위가 닥쳐 연약한 잎이 얼어 버릴지 모르거든요. 사과나무는 싹을 틔우기 전에 정확하게 계산을 한답니다. 기온이 20도가 넘는 따뜻한 날을 세요. 수를 센다고요? 맞아요. 사과나무는 계산을 할 줄 알아요! 따뜻한 날이 일정한 수가 되면 그제야 봄이 왔다고 확신하죠. 그럼 안심하고 잠자리를 털고 일어난답니다.

침엽수는 좀 달라요. 모두가 겨울에도 뾰족한 잎을 매달고 있어요. 침엽수의

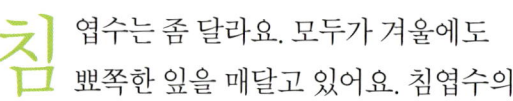

Quiz 퀴즈

봄에 어른 활엽수
한 그루는 잎을 몇 장이나
만들까요?

🍃 1천 장 이상
🍃 5천 장 이상
🍃 최소 5만 장

정답: 최소 5만 장. 어른 활엽수 한 그루는
최소 5만 장의 잎을 만듭니다. 아름드리
참나무는 많게는 60만 장을 만들기도 해요.

100

따라 해 보세요!

봄에 숲에 들어가면 먹을 것이 많습니다. 너도밤나무의 여린 잎으로 샐러드를 만들어 먹을 수 있어요. 너무너무 부드럽고 살짝 신맛이 감돌거든요. 큰 나무의 아래쪽 줄기에 난 잎을 뜯어서 샐러드를 만들어 보세요. 어차피 그런 잎은 빛을 많이 받지 못하기 때문에 뜯어도 나무한테 해롭지 않아요. 싱싱한 연둣빛 가문비나무의 싹도 먹을 수 있어요. 하지만 맛이 더 시고 쓴맛도 약간 느껴질 거예요. 그래서 그 잎은 차로 끓여 마시면 제일 좋아요. 어떤 나무인지 확실하게 아는 나무의 잎만 먹어야 해요. 아무 나무 잎이나 먹으면 안 돼요.

잎은 일 년 내내 초록색이기 때문에 봄에 일어나자마자 곧바로 일을 시작할 수 있어요. 가문비나무는 어찌나 성격이 급한지 아직 얼음이 녹지 않았는데도 일을 시작한답니다.

나무는 잎을 만들자마자 햇빛을 받아서 당분을 생산해요. 그런데 그 부드러운 새잎을 많은 동물들이 노려요. 맛이 너무 좋거든요. 잎을 빼앗기지 않으려면 나무도 잔뜩 긴장을 해야 해요. 작은 나비의 애벌레들이 나뭇잎을 갉아 먹어요. 한꺼번에 엄청나게 많은 애벌레가 수관에 모여서 큰 소란을 피워요. 또 수백만 마리의 애벌레가 동시에 먹고 싸기 때문에 작고 검은 공이 나무에서 우두둑 떨어지지요. 어찌나 큰 소리가 나는지 소낙비가 내리는 것 같아요. 그렇게 많은 애벌레가 나무를 공격하면 6월인데도 나무에 잎이 하나도 남아 있지 않아요. 다행히 그런 일은 10~20년에 한 번 정도만 일어나요. 또 대부분의 나무는 힘을 내서 한 번 더 싹을 틔워요. 귀찮게 굴던 애벌레가 이미 지나갔기 때문에 다시 만든 잎은 여름 내내 아무 일 없이 무럭무럭 자라서 당분을 만들 수 있어요.

아기 새들은 하루 종일 배고프다고 울어요. 엄마 아빠는 열심히 나무에 붙은 애벌레를 잡아다 먹이지요. 그 덕분에 나무도 좋고 아기 새도 좋아요.

봄은 동물들에게도 신나는 계절이지요. 잠을 자던 친구들이 깨어나고 많은 아기들이 태어난답니다. 엄마 동물들은 지천에 널린 맛난 잎을 먹고 아기에게 젖을 듬뿍 먹입니다. 새들은 알을 부화하여 나무에 붙은 애벌레를 잡아 먹이지요. 날씨는 점점 따뜻해집니다. 등 따숩고 배부르면 더 바랄 것이 없지요. 동물 가족도 마찬가지랍니다!

여름에는 나무도 땀을 흘리나요?

여름은 아름다운 계절입니다. 낮은 길고
태양은 하늘 높이 뜨지요. 빛이 많아서 당분을
넉넉히 만들 수 있으니 나무도 여름을 좋아합니다.

'로빈'이라고도 하는 유럽울새는 여름이 되면 약 5,000km나 되는 거리를 날아 시베리아 서남쪽으로 가요. 어른 새는 얼굴과 가슴이 오렌지색이지만 아기 때는 오렌지색이 진하지 않아요.

여름에는 빛이 많아서 나무가 당분을 듬뿍 만들 수 있어요. 그래서 여름에는 나무도 배부르게 먹을 수 있지요. 나무는 7월과 8월에 부지런히 만든 당분을 조금 남겨서 다가오는 겨울을 대비해 열심히 저장해 두어요. 곰하고 똑같죠. 곰은 풀과 열매와 물고기를 가리지 않고 닥치는 대로 먹어서 살을 찌우거든요. 그렇게 피부 밑에 지방을 저장해 두었다가 겨울잠을 잘 때 그 양분을 조금씩 꺼내 쓰며 버텨요. 그러니까 겨울 식량을 저장해 두는 것은 곰과 나무가 닮았어요.

봄에 꽃이 피었다 지면 여름에 그 자리에 초록의 열매와 씨앗이 남아요. 나무는 있는 힘을 다해서 그 열매를 키우지요. 너도밤나무 열매와 도토리에는 지방과 당분이 듬뿍 들어 있어요. 그걸 만드느라 나무는 미처 겨울 식량을 준비할 겨를이 없어요. 그런 데다 꽃과 씨앗이 매달린 자리에는 잎이 달릴 수 없어요. 그러니까 꽃을 피워 열매를 맺으면 이래저래 손해겠죠.

당연히 잎이 적으면 당분을 충분히 만들 수 없지요. 또 씨앗을 만드느라 겨울에 먹고 살 양식을 만들 수 없어서 나무의 몸이 허약해지죠. 그래서 너도밤나무나 참나무처럼 많은 나무종이 몇 년에 한 번씩만 꽃을 피워요. 꽃을 피우느라 쇠약해진 몸을 보살펴야 하니까요.

여름에는 나무도 더위를 탑니다. 너도밤나무도 더워서 땀을 줄줄 흘려요. 우리는 땀을 흘리면 피부의 온도가 떨어져 체온이 낮아지지요. 나무는 피부로 땀을 흘리지 않고 잎으로 물을 뿜어내요. 그럼 공기가 촉촉해져서 주변의 온도가 살짝

따라 해 보세요!

나무가 땀을 흘리면 숲이 서늘해집니다. 뜨거운 여름날 나무 한 그루 없는 맨땅에 있다가 숲에 들어가면 시원해요. 나무가 해를 가려 그늘이 지기도 하지만 습기가 많기 때문이에요. 숲은 바깥보다 온도가 10도 이상 낮답니다. 그러니까 숲은 한숨 돌리며 쉬기에 더없이 좋은 곳이에요. 또 나무 그늘에는 침파리도 없어요. 녀석은 모기처럼 피를 빨아 먹는데 물리면 진짜 아파요. 그래서 여름이면 동물들이 그늘에 누워 있는 거예요.

떨어지지요. 더운 여름에는 이런 나무의 땀이 얼마나 좋은지 몰라요. 숲에 사는 동물도, 숲에 놀러 온 사람도 나무의 땀 덕분에 시원해지거든요.

아기 동물들은 여름을 제일 좋아해요. 날씨는 따뜻하고 장마가 질 때를 빼고는 대부분 건조한 데다 먹을 것이 많으니까요. 노루와 사슴과 멧돼지 엄마는 젖이 많이 나오고 엄마 새와 아빠 새는 부지런히 곤충을 잡아다가 새끼들에게 먹여요. 대부분의 동물은 1년만 지나면 어른이 되지요. 그래서 이 여름에 엄마 아빠한테서 많은 것을 배워야 해요. 공부하다 지치면 마음껏 뛰어놀아요. 특히 새끼 여우들이 노는 모습을 자주 볼 수 있어요. 새끼 여우들은 노는 데 정신이 팔려서 차도로 달려 나왔다가 자동차가 다가오면 그냥 우뚝 서 버려요. 정말로 위험해요!

도롱뇽 같은 작은 동물들 중에는 해를 싫어하는 녀석들도 있어요. 불도롱뇽은 검은 바탕에 노란 점이 박힌 특이한 모습이에요. 그 색깔은 새와 다른 동물들에게 보내는 경고의 신호예요. 녀석에게는 독이 있거든요. 도롱뇽은 습한 나무 밑에 숨어 있다가 날이 어두워지거나 비가 내리면 기어 나와요. 해가 나면 예민한 피부가 말라 버리거든요. 이제부터는 달팽이를 사냥할 시간이에요. 달팽이는 워낙 느리니까 잡기 어렵지 않아요. 도롱뇽은 오래 살아서 스무 살 넘게 사는 녀석도 있답니다.

불도롱뇽은 특이한 무늬가 있어요. 노란 점이 정말 예쁘죠?

가을에는 왜 나무가 잎을 버리나요?

가을은 나무도 동물도 겨울을 준비하는 계절이에요. 동물들은 한 번 더 배가 터지도록 먹이를 찾아 먹어요. 많이 먹어 살을 찌워 두어야 겨울에 먹을 것이 없을 때 잘 버틸 수 있으니까요.

너도밤나무와 참나무가 열매를 주렁주렁 매단 가을엔 먹을 것이 풍성해요. 너도밤나무 열매와 도토리에는 정말로 양분이 많거든요. 하지만 이 나무의 열매는 몇 년에 한 번씩만 열려요. 그래서 열매가 열리지 않는 해엔 사슴과 노루와 멧돼지와 새가 다른 열매나 잡초로 목숨을 이어 갈 수밖에 없어요.

사슴은 다른 동물들보다 먹이를 더 많이 먹어야 해요. 이제부터 짝짓기 시기가 시작되거든요. 수컷 사슴은 밤새 목이 쉬도록 울어요. 경쟁하는 다른 수컷 사슴을 쫓아 버리려고요. 그렇게 쉬지 않고 우느라 먹지를 못해서 몇 주가 지나면 살이 쏙 빠지지요. 우리가 운동을 엄청나게 많이 했을 때처럼 너무너무 고단하고 힘들고 지친답니다. 그렇기 때문에 수컷 사슴들은 날씨가 진짜로 추워질 때만 짝짓기를 시작해요. 안 그러면 더운 날씨에 더 기운이 빠지고 힘들기 때문이지요.

나무도 추워지는 날씨를 몸으로 느껴요. 또 싹 비늘과 잎으로 짧아지는 낮의 길이를 볼 수 있어요. 이제는 잎을 떨어뜨려야 할 시간이에요. 가지에 잎이 남아 있으면 수관에 눈이 쌓여서 힘들어요. 눈이 많이 내리면 눈 무게 때문에 가지가 부러질 수도 있어요.

나무는 깨어 있을 때만 잎을 버릴 수 있어요. 우리도 그렇잖아요. 잠이 들면 옷을 벗지 못하잖아요. 날씨가 추워지면 나무는 자기도 모르게 잠이 들어요. 그래서

겨울이 언제 올지, 기온이 언제 떨어질지 잘 살펴야 해요. 대부분의 나무는 혹시 몰라서 10월 중순이나 말에 미리 잎을 떨어뜨려요. 침엽수들 중에서는 낙엽송만 그렇게 해요. 가문비나무나 소나무 같은 다른 침엽수들은 겨울 내내 침엽을 매단 채 그 안에 부동액을 채우지요. 그래서 침엽은 얼지 않아요. 침엽은 바늘처럼 가늘고 길며 끝이 뾰족하게 생겼지요.

활엽수는 잎을 떨어뜨리기 전에 화장실부터 가요. 네? 화장실요? 맞아요. 나무도 볼일을 봐야 하거든요. 어떻게요? 일단 버리고 싶은 물질들을 몽땅 잎으로 보내요. 그리고 그 잎을 떨어뜨리죠. 1년에 한 번만 볼 일을 봐도 괜찮을까요? 괜찮아요. 나무는 워낙 느릿느릿해서 화장실을 한 번만 가도 충분해요. 활엽은 잎사귀가 넓고 크지요. 침엽수도 가을에 화장실을 가요. 하지만 제일 오래된 침엽만 조금 버리기 때문에 별로 티가 나지 않아요.

가을에 잎이 아름다운 색으로 물드는 나무들이 있어요. 그것은 곤충들에게 보내는 경고장이에요. 나무가 곤충에게 색깔로 말하는 거죠. "봐. 나 이렇게 튼튼하고 건강해! 알을 낳으려면 딴 데 가서 알아봐. 나한텐 안 통할 테니까."

철새는 초가을이면 숲을 떠나 남쪽으로 날아가지요. 남쪽은 더 따뜻하고 먹을 것도 많으니까요. 그곳까지 가는 길은 엄마 아빠한테서 배워요. 날이 추워도 꼼짝하지 않는 새들도 있어요. 새끼가 둥지를 떠나 겨울에는 새끼를 먹여 키우지 않아도 되니까 먹을 것이 적어도 견딜 수 있거든요. 또 따뜻한 나라까지 위험하고 긴 비행을 하지 않아도 되니까 그것도 좋아요.

숲-정보

사슴

사슴은 숲속 동물 중에서 몸집이 큰 편이에요. 큰 녀석은 작은 말만 하다네요. 수컷은 해마다 멋진 뿔을 만들어요. 큰 것은 무게가 120킬로그램까지 나간다니 어른 남자보다 더 무겁죠. 수컷들은 그 뿔을 이용해서 힘겨루기를 해요. 누가 제일 센 놈인지 보여 주려는 것이에요. 겨울이 되면 뿔이 떨어지기 때문에 수컷도 암컷과 생김새가 비슷해져요.

사슴은 풀을 먹고 살기 때문에 숲보다는 초원을 더 좋아해요. 초원에는 나무가 없으니까 적이 다가오면 금방 알 수 있어요. 그래서 사슴은 어두운 숲으로 잘 들어가지 않아요. 환한 낮에 사람이 가까이 다가와서 겁이 날 때만 사람을 피해 숲으로 숨지요.

겨울에 나무와 동물들은 무엇을 먹고 사나요?

겨울 숲은 여름보다 훨씬 청명하고 조용해요. 새들도 잘 울지 않아요. 큰 동물들은 피곤한 표정으로 느릿느릿 움직여요.

여우는 눈 덮인 땅 밑에 사는 쥐의 소리도 들을 수 있어요. 쥐를 발견하면 공중으로 풀쩍 뛰었다가 내려오면서 긴 주둥이로 눈을 헤집어요. 여우는 솜씨 좋은 사냥꾼이라서 먹이를 잘 잡는답니다.

피곤한 동물은 행동이 굼뜹니다. 많이 움직이지 않으면 많이 먹을 필요도 없겠죠. 그래서 겨울이 되면 노루와 사슴들이 가만히 서서 꾸벅꾸벅 줍니다. 어차피 숲에 먹을 것도 별로 없어요. 풀과 잡목은 말라 버렸고 관목의 잎도 다 떨어져 버렸어요. 남은 것은 나무눈과 껍질, 블랙베리 같은 식물의 잎뿐이죠. 블랙베리는 겨울에도 초록 잎을 매달고 있거든요. 그래도 그 정도면 굶어 죽지는 않아요. 늑대나 여우, 담비 같은 육식 동물들은 겨울에도 먹을 것이 풍성해서 여름 못지않게 부지런히 활동해요. 녀석들이 잡아먹는 동물들이 겨울에도 어디 가지 않고 숲에 있거든요.

고슴도치 같은 동물은 허리띠를 졸라매며 살아요. 겨울 내내 잠에 빠져서 아무것도 먹지 않거든요. 그래도 가을에 저장해 둔 지방으로 겨울을 날 수 있어요.

나무도 겨울엔 겨울잠을 잔답니다. 잠을 자도 껍질과 뿌리를 통해 공기를 들이마시며 숨을 쉬지요. 숨을 쉬자면 힘이 있어야 하겠죠? 나무는 여름에 껍질과 뿌리에 저장해 둔 당분으로 힘을 낸답니다. 하지만 겨울이 깊어지면 저장한 당분도 줄어들 테니까 잘 나누어서 써야 해요. 당분을 남겨 두었다가 이듬해 봄에 새잎을 틔워야 하니까요.

겨울에 갑자기 기온이 쑤욱 오르는 날이 있어요. 눈이 녹고 봄이 왔나 싶게 날씨가 따뜻해지지요. 이럴 때 봄이 왔다고 성급하게 믿으면 큰일 나요. 서둘러 잎을 틔웠다가는 다시 찾아온 추위에 다 얼어 버릴 테니까요. 4월에도 꽃샘추위가 찾아오잖아요. 하지만 걱정 마세요. 앞에서도 말했듯 나무는 잘할 수 있어요.

시간과 날을 정확히 계산해서 진짜 봄이 찾아왔다고 확실히 믿을 때 잎을 틔울 거예요.

겨울에 세찬 바람이 불고 눈보라가 치면 뿌리가 약한 나무들은 견디지 못하고 쓰러져 버려요. 특히 그 전에 비가 많이 와서 땅이 약해지면 땅속 깊이 뿌리를 내리지 못한 나무들이 버틸 수가 없답니다. 가문비나무가 특히 많이 쓰러지는데 대부분 사람이 심은 묘목이 자란 나무들이에요. 나무를 심을 때 예민한 뿌리가 다쳐서 제대로 자라지 못했기 때문이죠. 그래서 센 바람에 버틸 수가 없었던 거예요.

활엽수들은 잘 쓰러지지 않아요. 대부분 씨앗이 자라 나무가 되었기 때문에 뿌리를 땅속 깊이 뻗을 수 있거든요. 또 겨울이면 잎을 다 떨어뜨리기 때문에 바람이 불어도 가지 사이로 휘익 지나가 버리죠.

나무와 동물들은 눈이 많이 내리면 좋아해요. 눈이 따스한 이불처럼 땅을 덮어서 바닥이 많이 얼지 않거든요. 특히 땅속 깊이 파고 들어갈 수 없는 작은 동물들은 눈이 내리면 쉽게 눈에 띄지 않아 안전해요. 또 눈이 녹으면 그 물이 천천히 땅으로 스며듭니다. 땅이 물을 흠뻑 빨아들여 저장해 두면 이듬해 여름에 넉넉히 쓸 수 있어요. 나무가 그 물을 마시고 더운 여름을 무사히 날 수 있을 거예요.

Schau mal! 잠깐만!

태풍

숲을 가다가 쓰러진 나무를 보거든 뿌리를 잘 살펴보세요. 가문비나무는 뿌리가 납작하게 생긴 큰 접시 모양일 거예요. 그런 뿌리로는 센 바람을 견딜 수 없어요. 꼿꼿하게 서 있으려면 뿌리를 땅속 깊이 내려야 하는데 그럴 수 없었던 거죠.

가문비나무는 바닥이 푹신푹신한 곳에선 태풍을 잘 견디며 서 있을 수가 없어요.

숲과 우리

나무로 옷을 만들 수 있어요.
가구와 마룻바닥도 나무로 만들지요.
하지만 그렇게 하자면 나무를 베어야 해요.
늑대가 숲에 살면 나무가 잘 자라는 이유는
무엇일까요? 이제부터 그 이유를
알려 줄게요.

나무는 어디에 필요할까요?

많은 것에 나무가 필요하지요. 이 책도 나무로 만들었어요.
종이에도 나무가 들어 있거든요.

완성된 종이는 큰 롤러에 감아요. 이렇게 해서 옮기면 종이가 구겨지지 않아요.

종이를 제작하려면 제지 공장에서 나무줄기를 잘게 빻아야 해요. 그러면 가는 나무 섬유만 남는데 그것을 기계가 저어 죽처럼 만들어서 압착하면 매끈하고 얇은 종이가 나오죠. 종이를 찢으면 찢긴 자리에서 작은 섬유가 보일 거예요.

나무 섬유는 길이가 짧기 때문에 그것으로 옷을 지을 수 없어요. 그렇지만 화학 처리를 해서 길이를 늘이면 그 섬유로 셔츠를 만들 수 있어요. 옷에 붙은 라벨을 잘 살펴보세요. "비스코스 viscose"라고 적혀 있으면 가공한 나무라는 뜻이에요.

책상, 의자, 선반 같은 가구도 나무로 만들어요. 어떤 가구에는 나무줄기의 나이테가 그대로 남아 있어요. 하지만 줄기를 비스듬하게 켜기 때문에 나이테가 둥근 모양이 아니라 긴 선처럼 보이지요. 가격이 저렴한 가구는 나무를 잘게 쪼갠 다음 그 조각을 다시 붙여서 만든 널빤지로 만들어요. 그 널빤지를 합판이라고 불러요. 합판은 통나무를 잘라 만든 널빤지에 비해 튼튼하지 않아요. 그래도 합판을 사용하는 이유는 휘거나 썩은 나무로도 만들 수 있기 때문이죠. 그럼 곧지 않은 줄기도 다 활용을 할 수 있으니까요.

하지만 그렇게 붙이거나 압착한 널빤지로 만든 의자나 식탁은 모양이 예쁘지 않고 잘 망가져요. 그래서 합판은 대부분 장롱의 뒷면으로 사용한답니다.

나무를 때서 난방을 하려면 정말 많은 나무가 필요할 거예요. 독일에서 베어 낸 나무줄기의 절반은 난로에 들어간다고

Quiz 퀴즈

나무로 만들 수 있는 것은 무엇일까요?

🍃 플라스틱 🍃 철

정답: 플라스틱, 나무로 플라스틱도 새롭게 만들 수 있어요. 나무를 썰어서 풀에 넣고 끓이면 플라스틱을 만들 수 있어요.

따라 해 보세요!

온 세상 사람들이 넉넉히 쓸 만큼 나무가 많지 않기 때문에 우리는 많은 제품을 플라스틱이나 나무 찌꺼기로 만들어요. 하지만 진짜 나무인 것처럼 보이려고 살짝 속임수를 쓰지요. 기계를 이용해 널빤지에 나무 사진의 플라스틱 호일을 붙이는 거예요. 자세히 들여다보지 않으면 가짜 나무인지 아무도 몰라요. 하지만 현미경으로 들여다보면 금방 알 수 있어요. 현미경으로 보니까 작은 점만 보이나요? 그건 진짜 나무가 아니라 나무 사진이에요.

해요. 벽난로에 나무를 때면 따뜻하기도 하지만 분위기도 매우 좋아요. 또 장작을 패서 쌓는 것도 재미난 일이지요. 온 가족이 함께할 수 있어요. 또 나무를 연료로 쓰는 화력 발전소도 있어요. 거기서 전기를 만들어 우리 집으로 보내지요. 그러니까 우리의 밤을 밝히는 환한 빛도 조금은 숲에서 온 것이에요.

독일 숲에서 벤 나무만으로는 독일에서 필요한 나무를 다 댈 수 없어요. 그래서 남아메리카나 열대 우림에서 많은 나무를 가져오지요. 다른 나라들의 사정도 마찬가지고요. 하지만 열대 우림의 나무를 베어 내면 사람과 원숭이와 앵무새가 살 수 없어요. 숲은 우리에게 식량과 의약품과 연료 같은 것을 제공할 뿐만 아니라 많은 동물들이 살아가는 서식지이니까요. 사람들은 나무를 벤 자리에 야자수를 심어요. 열매를 먹으려는 것이 아니라 기름을 짜기 위해서죠. 거기서 나온 기름은 자동차 연료로도 사용해요.

하지만 큰 숲이 사라지면 기후가 달라집니다. 이상 고온, 가뭄으로 인한 물 부족, 식량 부족 등 기후 변화는 우리 삶에 바로 영향을 미치죠. 게다가 학자들은 열대 우림이 사라지면 자연의 불균형으로 질병을 운반하는 종이 인간 서식지에 더 가까이 온다고 이야기해요. 숲이 줄어들수록 전염병이 더 많이 발생한다는 거죠. 그러니까 나무를 덜 쓰고 자동차를 덜 타야 해요. 자동차 연료로 쓰는 디젤 기름에도 야자유가 들어 있거든요. 여러분도 참여할 수 있어요. 책과 가구를 오래오래 쓰면 돼요. 새 물건을 자꾸 만들지 않으면 숲의 나무를 베지 않아도 되니까요.

이 널빤지는 톱밥을 붙여서 만든 것입니다. 그래서 통나무를 잘라 만든 널빤지만큼 튼튼하지 않아요.

왜 동물들은 인간을 무서워할까요?

우리 곁에는 야생 동물이 많이 삽니다.
집 밖으로 나가면 어디서나 만날 수 있어요.
새가 울고 파리가 날고 나비가 날갯짓을 하지요.
그런데 큰 동물들은 어디에 있을까요?

밤에 숲에 가면 노루와 사슴과 멧돼지를 자주 볼 수 있을 거예요. 하지만 밤에는 잠을 자야 하지요. 또 설사 밤에 숲에 간다고 해도 빛이 없으니까 아무것도 안 보일 거고요. 몸집이 큰 동물들이 밤에 나다니는 이유도 바로 그것 때문이랍니다. 녀석들이 사람을 무서워해서 사람이 안 보이는 밤에만 밖으로 나오는 거예요. 녀석들도 우리처럼 햇볕이 따스한 낮에 초원이나 숲길을 걷고 싶을 거예요. 녀석들도 우리처럼 수풀을 헤치며 힘들게 걷거나 이슬 젖은 풀에 발을 적시고 싶지 않을 테니까요. 그래서 숲길에는 동물의 발자국이 많이 남아 있어요. 녀석들도 우리가 닦아 놓은 숲길을 애용하거든요.

하지만 녀석들은 인간을 무서워해요. 사냥을 즐기는 사냥꾼이 동물에게 총을 쏘기 때문이에요. 사람들이 숲속 동물이 해를 끼친다고 생각하기 때문이죠. 애써 키운 농작물을 멧돼지가 먹어 치우면 농부들은 화를 내요. 노루가 어린나무의 잎을 따 먹으면 산림관들이 화를 내요. 그래서 사냥꾼이 동물을 잡으면 다들 좋아하지요. 그러니까 노루와 사슴과 멧돼지는 인간이 아무것도 못 볼 때 숲에서 나오는 거예요. 보이지 않으면 총을 쏠 수 없을 테니까요. 참 안타까운 일이에요. 동물들이 인간을 무서워하지 않으면 언제라도 숲에서 동물들을 만날 수 있을 텐데 말이죠.

사슴은 밤이 되면 마음이 편해요. 인간이 나타나서 괴롭히지 않을 테니까 마음 편하게 먹이를 먹을 수 있어요. 풀은 금방 배가 부르지 않기 때문에 아주 많이 아주 오래 먹어야 해요. 매일 최대 2시간 동안 먹어야 해요.

그럼 우리가 동물들을 자주 볼 수 있는 방법이 있을까요? 걱정하지 마세요. 아저씨가 사는 독일에서는 아무것도 하지 않아도 되니까요. 천천히 늑대가 돌아오고 있기 때문이에요. 늑대는 큰 동물들을 잡아먹어요. 그럼 모든 문제가 저절로 해결될 거예요. 동물이 많으면 먹을 것이 많으니까 늑대가 행복하게 살 수 있어요. 늑대가 동물들을 많이 잡아먹어 동물의 수가 줄어들면 농부들과 산림관들이 좋아할 거예요. 그럼 굳이 사냥꾼들이 총을 쏠 필요가 없겠죠. 그럼 숲에 사는 동물들은 늑대만 무서워하지 사람은 겁내지 않을 거예요. 정말 그렇게 될까요? 지금도 4월이면 내 말이 맞는다는 것을 알 수 있어요. 2월에서 4월까지는 사냥 금지 기간이어서 노루와 사슴을 잡을 수 없어요. 녀석들도 눈치를 채고 인간을 경계하지 않기 때문에 4월에는 낮에도 녀석들을 자주 볼 수 있어요. 두 달 동안 아무도 사냥을 하지 않으니까요.

도시에 사는 동물들은 사람을 별로 무서워하지 않아요. '야생 동물이 어떻게 도시에서 살아?' 이렇게 생각했다면 틀렸어요. 도시에는 총을 쏘는 사람이 없으니까 동물들이 마음 편히 살 수 있어요. 또 공원이나 작은 풀밭이 많아서 먹을 것도 풍성하지요. 사람들이 먹다 버린 음식도 많고요. 아저씨는 베를린에서 카레소시지를 먹는 여우를 본 적이 있어요. 건강에 좋을지는 모르겠지만 여우는 분명히 아주 맛나게 먹었을 거예요.

숲-정보

여우

여우는 개와 친척이에요. 몸집이 크지는 않아서 큰 고양이 정도지요. 여우가 초원에 자주 나타나는 이유는 좋아하는 쥐나 지렁이가 많기 때문이에요.
여우는 식구들이 모여 살아요. 큰 굴에 함께 모여서 서로를 도우며 산답니다. 여우는 인간을 싫어하지 않는 거 같아요. 사람이 사는 동네 근처 야산에 주로 서식하거든요. 인간이 사는 곳 근처에 가면 농작물이나 음식물 쓰레기 등 먹을 것도 많고 낡은 헛간처럼 따뜻하고 보송보송한 잠자리도 많기 때문이죠. 밤에 고음으로 사납게 짖는 소리가 난다면 여우가 근처에 왔다는 신호예요.

퀴즈

노루와 사슴이 밤에 길가에 서 있는 이유는 무엇일까요?

🍃 맛난 풀이 많아서

🍃 호기심이 많아서 자동차를 구경하려고.

정답: 맛난 풀이 많아서. 길가에 맛있는 풀이 많아 먹으러 와요. 특히 눈이 올 때는 다른 데에 비해 따뜻해 풀이 많이 올라오지요. 곧 자동차가 오면 사고가 날 수 있답니다.

늑대는 위험한가요?

예전에는 숲에 늑대가 많이 살았어요. 하지만 사람들이 다 쏘아 죽여 버렸죠. 지금은 늑대 사냥이 금지되어서 서서히 늑대가 돌아오고 있어요.

늑대는 가족이 함께 살며 서로 돕고 함께 사냥도 해요. 늑대가 큰 소리로 울면 잘 살고 있는 거예요. 늑대는 노래도 함께 부르거든요.

늑대는 독일의 숲을 좋아하는 것 같아요. 2000년대 초부터 다른 나라에 살던 늑대들이 독일로 건너오고 있거든요. 늑대는 해마다 새끼를 낳기 때문에 천천히 수가 늘어날 거예요. 늑대 가족은 200제곱킬로미터가 넘는 넓은 땅을 자기 구역으로 삼아요. 사람이 5만 명 정도나 살 수 있는 넓은 땅이지요. 독일 면적이 엄청나게 넓은 편은 아니니까 늑대가 엄청나게 늘어나지는 않을 거예요.

사람들은 숲에 늑대가 사는 것을 싫어해요. 나쁜 이야기를 지어내서 늑대가 위험하다는 소문을 퍼트려요. 그리고 늑대를 죽여야 한다고 주장하죠. 하지만 늑대는 어차피 사람을 좋아하지 않아요. 그래서 숲에 사람이 있으면 일부러 빙 둘러 간다고 해요. 새끼 늑대가 호기심을 못 이겨서 사람을 빤히 쳐다보는 일은 있어도 절대로 가까이 다가오지는 않아요. 몇 미터 떨어진 곳에서 그냥 쳐다보기만 해요.

하지만 늑대 연구 기관인 독일 연방 늑대 문제 기록 자문처는 늑대가 인간을 사냥감으로 생각하지는 않지만 사람이 먼저 위협을 하면 사나워질 수 있기

늑대는 육식 동물이에요. 어떤 동물을 주로 잡아먹을까요?

🌿 잡기 쉬우니까 우리가 키우는 가축을 잡아먹어요.

🌿 늑대는 야생 동물을 더 좋아해요.

정답: 늑대는 야생에서 노루나 사슴, 멧돼지 같은 동물을 잡아먹어요. 가축을 잡아먹는 경우는 아주 드물어요. 그것도 먹이가 부족할 때만 미안해하며 잡아먹는대요. 우리가 기르는 가축은 대개 울타리 안에 있으니까 늑대는 야생 동물을 더 좋아해요.

때문에 조심해야 한다고 경고했어요. 그러니까 숲에서 늑대를 만나거든 그냥 가만히 서 있으면 돼요. 놀라서 막 뛰어가면 늑대가 따라올지도 모르거든요. 가만히 서 있으면 늑대가 알아서 가 버리거나 도망칠 거예요.

그런데 어떤 때는 늑대가 여러분을 향해 다가올 수도 있어요. 그건 뭔가 다른 것에 집중하느라 여러분을 못 봤기 때문이에요. 아마 노루의 발자국을 쫓고 있었을 거예요. 늑대는 다른 동물이 지나간 자리를 냄새로 알 수 있거든요. 늑대가 딴짓에 정신이 팔려서 여러분이 가만히 서 있어도 도망치지 않을 때는 얼른 자리를 피하거나 어른에게 알리는 게 좋겠어요.

동물 발자국

숲길에는 동물 발자국이 많아요. 특히 진창에서 발자국을 많이 발견할 수 있어요. 땅이 무르면 발자국이 도장처럼 꽝 찍히거든요. 좁고 긴 발자국 두 개가 나란히 나 있으면 주인공은 노루나 사슴이나 멧돼지예요. 이 녀석들은 2개의 발가락으로 땅을 딛는데 땅에 찍힌 발자국은 발톱 자국이에요. 여우 발자국은 작은 개의 발자국처럼 생겼고 새는 쉽게 구분할 수 있어요. 앞에 줄이 3개, 뒤에 줄이 1개 있으면 새 발자국이에요. 겨울에 눈이 오면 발자국 찾기가 더 쉬워요. 길이 아니어도 온 숲에 발자국이 찍혀 있을 테니까요.

진짜 위험한 동물은 늑대보다는 개예요. 개는 늑대와 친척이지만 사람이 길을 들여 함께 살게 되었지요. 그래서 개들은 사람을 도와 총에 맞은 노루를 찾아 주고 양을 지키고 눈 더미에 파묻힌 사람을 찾아내지요. 하지만 대부분의 개들은 아무 일도 하지 않고 그냥 사람이랑 같이 살아요. 그중에는 아주 드물지만 나쁜 개도 있어요. 그래서 아무 이유도 없이 사람을 물지요. 개는 늑대와 달리 사람을 겁내지 않기 때문에 해마다 몇천 건씩 개가 사람을 무는 사고가 일어나요. 그러니까 숲에서 혼자 다니거나 무리 지어 다니는 개를 보면 특히 조심해야 해요.

늑대가 오면 나무는 참 반가워할 거예요. 늑대가 나타나면 노루와 사슴들 사이에 소문이 돌아요. 그래서 녀석들이 나무가 많은 숲을 피할 거예요. 잎이 무성한 나무 틈에 있으면 늑대가 오는지 알 수가 없으니까요. 특히 사슴은 숲을 별로 좋아하지 않으니까 앞이 탁 트여 잘 보이는 초원으로 이사를 갈 거예요. 숲에 사는 아기 나무들은 노루와 사슴이 와서 싹을 먹어 치우지 않을 테니까 정말 행복하겠죠. 많은 아기 나무가 건강하게 어른으로 자랄 수 있을 거예요. 그래서 이런 속담이 있어요. "늑대가 오는 곳에 숲이 자란다."

숲은 누구의 것일까요?

나무에 올라가도 되나요?
모닥불을 피우고 숲에서 잠을 자도 될까요?
혹시 모르니까 숲 주인에게 물어봐야 해요.

꽃을 꺾어 작은 꽃다발을 만들어 보세요. 숲의 주인이 누구건 그 정도는 해도 돼요. 하지만 숲에 피는 꽃은 보호해야 하는 희귀종이 많아요. 그러니까 예쁜 꽃을 보더라도 될 수 있는 대로 꺾지 말고 사진만 찍으세요.

숲은 대부분 모두의 것이에요. 모든 사람들이 함께 쓰는 곳이니까 여러분도 숲의 주인인 거죠! 거기서 할 수 있는 것과 할 수 없는 것을 여러분도 같이 정할 수 있어요.

숲에서 무엇을 할 수 있을까요? 숲에서는 많은 일을 할 수 있답니다. 혹시 숲 주인이 따로 있다고 해도 누구나 들어가서 이런저런 재미난 일을 할 수 있어요. 꼭 길로만 다녀야 하는 것도 아니에요. 나무 사이를 마음대로 돌아다녀도 돼요. 그래도 동물들은 귀찮아하지 않아요. 친구나 가족이랑 함께 갔을 때 동물들을 걱정해서 살살 이야기하지 않아도 돼요. 신나게 떠들고 술래잡기를 하면 동물들이 여러분의 소리를 들을 수 있을 거예요. 그럼 동물들은 마음 푹 놓고 하던 일을 계속할 수 있을 거예요. 여러분이 사냥꾼이 아니라는 것을 알 테니까요. 사냥꾼은 소리를 내지 않고 살금살금 다가오거든요. 그러니까 숲에서는 조용히 하지 않는 것이 오히려 동물들에게 더 좋아요.

밤에도 숲길을 걸을 수 있어요. 해가 빨리 지는 겨울에 저녁을 먹기 전 잠깐 숲을 걷는다면 정말로 좋을 거예요. 구름이 없이 맑아서 달이 환하면 더할 나위가 없겠죠. 달빛에 길이 잘 보일 테니까요.

어느 숲이나 들어가서 버섯을 따거나 열매를 따 먹는 것은 괜찮아요. 물론 너무 많이 따면 안 되겠죠. 하루 저녁 먹을 정도의 양만 따세요. 또 민들레꽃이나 바람꽃으로 작은 꽃다발을 만들어 집으로 가져가도 괜찮아요.

하지만 불을 피우는 것은 숲 주인이 못 하게 금지할 거예요. 불은 위험하니까요. 특히 비가 오래 내리지 않아서 날씨가 메마르고 건조할 때는 작은 불씨가 큰 산불로 번질 위험이 아주 커요. 그래서 대부분의 숲 주인들은 불을 피우지 못하게 한답니다.

숲에서 잠을 자고 싶으면 반드시 숲에 개별적으로 마련된 캠핑장이나 휴양림 관리소에 물어봐야 해요. 숲에서 하룻밤을 보내는 건 굉장한 모험이죠! 정말로 멋진 경험을 할 수 있을걸요. 하지만 동물들의 소리를 많이 들을 수 있을 거라고 기대하지는 마세요. 밤에 숲은 고요하답니다.

어떤 숲이건 쓰레기를 버려서는 안 돼요. 쓰레기 때문에 동물들이 다치거나 잘못 먹고 병이 날 수 있거든요. 다음에 숲에 들어갈 때는 모두가 작은 봉투를 하나씩 들고 걸으면서 바닥에 떨어진 쓰레기를 주워 모으면 어떨까요? 돌아가는 길에 주우면 봉투를 오래 들고 다니지 않아도 되지요.

나무를 많이 베어 버린 숲에 가면 마음이 울적해지나요? 특히 커다란 기계로 나무를 베면 숲 바닥이 망가지고 작은 동물들이 기계에 치여 죽지요. 어느 숲이나 나무를 보살피는 산림관들이 있어요. 그 산림관들에게 가서 조용히 물어보세요. 기계를 안 쓰면 안 되냐고요. 사람이 나무를 베고 말을 이용해 나무를 싣고 나가면 땅이 망가지지 않을 거예요. 물론 그렇게 하려면 돈이 더 많이 들겠지만 많은 사람이 자꾸자꾸 물어본다면 산림관들도 생각하겠죠. 기계를 쓰지 않고 나무를 베는 것에 대해서요. 그리고 그렇게 하려고 노력할 거예요.

앞에서도 말했듯 우리 숲의 절반은 모두의 것이에요. 여러분의 것이기도 하죠. 그러니까 산림관들은 여러분을 위해서 일하는 사람들이에요. 여러분이 산림관들에게 정말 일을 잘한다고(좋은 일을 한다고) 말해 주면 그분들도 정말 좋아하실 거예요!

따라 해 보세요!

숲에서 하룻밤 자고 싶다면 가문비나무 밑이 제일 좋아요. 줄기에 바짝 붙여서 자리를 펴세요. 가문비나무는 침엽이 빽빽하기 때문에 비가 내려도 빗방울이 떨어지지 않아요. 떨어진 침엽을 모아 바닥에 깔면 축축한 맨땅에 눕는 것보다 훨씬 부드럽고 따뜻해요. 바닥이 평평한지도 잘 살펴보세요. 바닥이 기울었으면 자다가 쭉 미끄러질 수 있거든요.

도시에 사는 나무와 동물들

도시에도 나무와 동물이 많이 살아요. 도시에서도 숲과 똑같이 자연을 관찰할 수 있지요. 계절이 바뀌면 창밖의 나무는 어떻게 변하나요? 길가 수풀에는 어떤 동물이 숨어 있을까요? 우리 함께 가까이 가서 살펴봐요!

왜 도시에는 나무가 필요할까요?

나무가 많은 도시는 아름다워요. 하지만 나무는 차도 많고 집도 많은 도시에서 살기가 무척 고달프지요. 그래도 도시엔 나무가 꼭 있어야 해요.

나무는 산소를 만들어요. 산소는 우리가 숨을 쉬려면 꼭 필요한 것이지요. 큰 나무 한 그루는 스무 명이 숨을 쉬고도 남을 만큼 많은 산소를 만듭니다. 그것만이 아니지요. 공기 중에 떠다니는 더러운 물질들이 나뭇잎에 차곡차곡 쌓입니다. 자동차 배기통이나 굴뚝에서 나오는 검댕이 대표적이죠. 나무 한 그루가 1년에 500킬로그램보다 많은 검댕을 잎에 모을 수 있다고 해요. 그것들이 수관에 걸려 있다가 비가 내리면 빗물에 쓸려 땅으로 흘러가요. 비가 내려서 얼마나 다행인지 몰라요. 안 그러면 나무가 검댕 때문에 당분을 만들지 못할 거예요. 검댕이 잎을 덮어 버려 햇빛을 받을 수 없을 테니까요.

나무는 서로 이야기를 나누고 조심하라고 일러 주며 동물과도 냄새로 대화를 주고받아요. 이런 냄새는 여러분도 맡을 수 있어요. 혹시 못 맡는다고 해도 우리 몸은 알아차리지요. 그래서 나무가 많은 곳에서 걸으면 몸이 가뿐해지고 마음이 편안해진답니다.

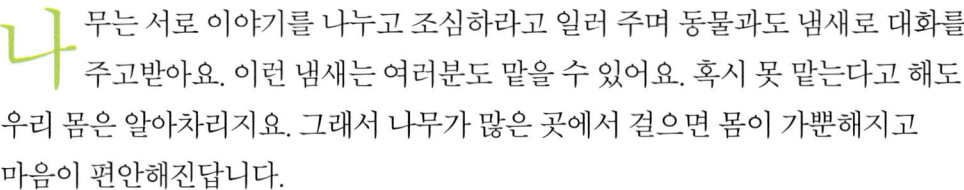

나무는 쳐다보기만 해도 좋아요. 몸이 아파 누워 있을 때 나무를 쳐다보면 병이 빨리 낫지요. 학자들이 병원에서 연구를 해 봤더니 정말로 그렇다고 해요. 그러니까 도시에는 나무를 많이 심어야 해요.

나무는 기온에도 영향을 주어요. 나무가 많으면 숲이 아닌 곳이더라도 여름에 기온이 낮아지거든요.

그런데도 어떤 사람들은 가로수를 보며 화를 내요. 가을에 도로에 떨어지는 낙엽을 쓸기 귀찮다고 짜증을 내요. 나무의 수관 때문에 그늘이 져서 집에 해가 안 들어온다고 투덜대죠. 태풍이 불면 가지가 부러져서 사람이나 자동차에 떨어질 수도 있어요. 이런 여러 가지 이유로 도시 사람들은 해마다 나무의 수관을 잘라 내지요. 하지만 그럴 때도 나무를 아끼는 사람들은 조심조심 수관을 잘라요. 여기 조금 저기 조금 잘라 내서 별로 표시가 나지 않게요. 그 덕분에 나뭇가지가 사람에게 떨어지는 일도 없고, 나무도 전과 다름없이 건강하게 살 수 있어요.

나무를 심어야만 하는 중요한 이유는 또 있지요. 나무가 있으면 재미있는 일이 많거든요! 사실 나무는 코끼리를 닮았어요. 덩치가 크고 느릿느릿하지만 순하고 사람을 참 좋아하지요. 운이 좋으면 밖으로 나가지 않아도 창문으로 나무를 볼 수 있어요. 그럼 계절이 바뀔 때마다 달라지는 나무의 모습을 관찰할 수 있을 거예요. 여러분이 자연 연구 학자가 되는 거지요. 방 안에서 말이에요. 물론 밖으로 나가 나무를 찾아가면 더 좋지요. 직접 만져 보면 느낌이 다를 테니까요. 코끼리와 달리 나무는 쓰다듬어도 가만히 있을 거예요. 우리가 쓰다듬어 주면 나무가 알까요? 글쎄요. 여러분이 나중에 커서 연구해 보세요. 누가 알아요? 나무가 우리의 손길을 느낄 수 있을지…….

Schau mal! 잠깐만!

나무껍질

나무에 바짝 붙어서 가만히 살펴보면 나무껍질에는 온갖 생명들이 자라고 있어요. 이끼는 껍질을 타고 내리는 빗물을 마시려고 껍질에 붙어 살아요. 가끔 녹이 슨 것처럼 불그죽죽한 껍질을 볼 수 있어요. 이끼처럼 줄기에 붙어서 사는 작은 식물인 조류 때문이에요. 초록색이나 회색 얼룩은 지의류예요. 조류와 균류(광합성을 하지 않는 세균, 곰팡이, 효모, 버섯 같은 것)를 섞어 놓은 것처럼 생겼는데 아주 천천히 자라지요. 성장을 하려면 붙들고 있을 것이 필요해서 나무껍질을 잡고 있는 거예요. 이런 식물들은 나무에 아무런 피해도 입히지 않아요.

따라 해 보세요!

우리 동네에는 얼마나 다양한 나무가 살고 있을까요? 알아봅시다. 동네를 돌아다니며 나무마다 잎을 하나씩 떼요. 그래서 신문지 사이에 넣고 두꺼운 책으로 눌러 둡니다. 며칠이 지나면 잎이 마르고 납작해져 있을 거예요. 그것을 종이에 풀로 붙입니다. 그럼 몇 해가 지나도 멀쩡해요. 시간이 날 때마다 식물도감이나 인터넷을 찾아서 어떤 나무의 잎인지 확인해 보세요.

나무는 왜 개를 싫어할까요?

음식에 소금이 안 들어가면 맛이 없어요. 우리 몸도 소금이 없으면 제대로 움직일 수 없지요. 하지만 소금을 너무 많이 먹어도 병이 들 수 있어요. 나무도 우리하고 똑같아요.

눈이 내리면 제설차가 소금과 작은 돌을 뿌려요. 차가 미끄러지면 안 되니까요.

대부분의 땅에는 자연적으로 소금이 들어 있답니다. 종류는 다양하지만 나무가 건강하게 자라는 데 필요한 소금이에요. 그런데 도시 사람들은 나무에게 필요하지도 않은 소금을 더 뿌린답니다. 어떤 소금인지 알겠나요? 겨울에 눈이 내리면 제설차가 와서 소금을 뿌리지요. 도로가 얼어서 자동차가 미끄러지면 사고가 날까 봐 미리 뿌리는 거예요. 그런데 제설차가 작업을 하다 보면 꼭 차도에만 정확하게 뿌리는 게 아니랍니다. 소금이 넓게 뿌려지면서 인도까지 넘어갈 때가 많지요. 그 인도를 따라 나무가 줄줄이 서 있잖아요. 또 제설차가 들어오지 못하는 곳에서는 사람들이 제설함에 든 소금을 꺼내서 인도에 뿌려요. 눈이 얼어 미끄러지면 다칠 수 있으니까요. 그러다가 눈이 녹으면 소금도 땅속으로 스며들지요. 그러면 나무뿌리가 소금물을 먹고 병이 드는 거예요. 도로 가에 선 나무들도 마찬가지예요. 눈이 녹으면 도로에 뿌렸던 소금이 녹아 길가 흙으로 스며들지요. 그 물을 먹은 나무들은 봄이 되어도 활기차게 싹을 틔우지 못해요. 시름시름 가지 전체가 말라 버릴 때도 있고 침엽수는 침엽이 누렇게 변해요.

도시에 사는 나무를 괴롭히는 소금은 또 있어요. 바로

Quiz 퀴즈

나무뿌리는 땅 밑으로 얼마나 뻗어 나갈 수 있나요?

🍃 수관 크기만큼

🍃 수관보다 두 배 더

정답: 수관보다 두 배 더. 잎과 가지 사이 공간을 수관이라고 해요. 뿌리는 수관의 두 배 더 넓게 퍼져나가 물과 영양분을 빨아들여요.

122

강아지 오줌이에요. 강아지는 한 다리를 들고 나무에다 오줌을 싸요. "내가 이곳을 다녀갔으니 이 나무줄기는 내 거야!" 이런 뜻이지요. 다른 강아지들이 그 냄새를 맡고는 기분이 상해서 그 위에 다시 오줌을 싸지요. 그렇게 매일 수많은 강아지들이 나무에 오줌을 싸 대요. 그 모습이 재미있기는 하지만 강아지 오줌에 든 소금을 다 모으면 상당한 양이에요. 그 자리에서 그냥 오줌을 다 맞은 나무는 제설차가 소금을 뿌렸을 때처럼 시들시들 병이 들겠지요. 그러니까 개를 산책시킬 때는 풀밭으로 데려가서 오줌을 싸게 하면 좋을 거예요.

소금이 아니어도 도시에 사는 나무는 고달프죠. 뿌리를 뻗을 자리가 많지 않거든요. 이쪽은 도로이고 저쪽은 집이 있으니까요. 게다가 도로와 집이 선 땅 밑은 기계로 단단히 다져 놓았어요. 그래야 땅 위에 세운 건물이나 도로가 흔들리지 않을 테니까요. 이 딱딱한 땅에선 뿌리가 잘 자랄 수 없어요. 흙이 부드러운 곳은 인도 아래쪽의 땅뿐이죠. 그런데 그곳엔 수도관이나 전기선이 쫙 깔려 있어요. 나무뿌리가 그 관을 따라 뻗어 나가다가 길을 잘못 들어 수도관 안으로 들어갈 때가 많아요. 그럼 관이 막힐 테고 사람들이 짜증을 내겠죠. 사람들이 와서 어느 나무의 뿌리가 잘못했는지 살펴보고는 그 나무를 싹둑 베어 버려요.

그래도 그사이 사정이 많이 좋아지긴 했어요. 나무에게 넉넉한 자리를 내어 주고 수도관을 잘 막아서 나무뿌리가 들어갈 수 없게 조처하는 도시들이 점점 늘어나고 있으니까요. 겨울에 눈이 내릴 때도 소금 대신 잘게 부스러진 돌이나 모래를 뿌려요. 돌을 뿌리면 눈이 녹지는 않겠지만 그래도 자동차가 미끄러지지는 않아요. 날씨가 따뜻해져서 눈이 녹으면 돌 부스러기는 도로에 그냥 남을 테고, 그건 빗자루로 그냥 쓱쓱 쓸어 내면 되죠.

숲-정보

플라타너스

플라타너스는 키가 큰 활엽수예요. 껍질에 얼룩덜룩 재미난 무늬가 나 있죠. 도시에는 플라타너스가 많아요. 도시에서 제일 자주 볼 수 있는 나무일 거예요. 아마도 플라타너스가 먼지와 배기가스를 잘 견디고 건강하게 자라기 때문이겠죠. 또 플라타너스는 빨리 자라기 때문에 다른 나무들보다 줄기가 두꺼워요. 열매는 가시가 붙은 공 모양인데 쉽게 부스러져요. 플라타너스는 원래 유럽 남부와 아메리카에서 살던 나무예요. 그 두 종을 가져와서 교배를 시켰죠. 그래서 할아버지의 할아버지 때부터 길가에 서서 우리가 사는 도시의 공기를 깨끗하게 만들어 주고 있어요.

밤이 되면 나무는 무엇을 할까요?

나무도 밤에는 잠을 자야 해요. 하루 종일 당분을 만드느라 고생했으니까요. 해가 지면 나무도 무척 피곤하지요. 잠을 푹 자야 다음 날 아침에 가뿐하게 일어나 다시 일을 시작할 수 있어요.

나무도 잠을 푹 자고 싶어요. 하지만 불이 이렇게 환한데 어떻게 잠을 푹 잘 수 있을까요? 그래서 요즘엔 자정이 넘으면 가로등을 끄는 곳도 많아요. 다들 아시죠? 가로등 불빛은 사진처럼 둥글고 희뿌옇게 공간을 비추고 있어요.

학자들이 잠자는 나무를 살펴보았더니 가지가 살짝 아래로 처졌어요. 그러다 날이 밝으면 가지가 다시 위로 올라간다고 하네요. 우리처럼 나무도 해가 뜨면 자리를 털고 일어나는 거예요. 나무는 피곤할 때는 어떻게 할까요? 그건 아직 학자들도 모른다고 해요. 나무가 잠을 잔다는 사실을 알게 된 것도 얼마 되지 않았거든요. 그러니까 나무가 잠을 자면서 무엇을 하는지 알려면 연구를 더 많이 해야 할 거예요. 여러분이 자라서 연구를 해 보면 어떨까요? 어쩌면 나무도 우리처럼 꿈을 꿀지 모르잖아요.

밤이 되면 나무는 산소를 만들 수 없어요. 산소는 잎이 당분을 만들 때 생기는데 잎이 당분을 만들려면 빛이 있어야 하거든요. 밤에는 해가 지니까 나무도 우리처럼 푹 쉬는 거예요. 우리는 잠을 자면서도 숨을 쉬어요. 숨을 쉬려면 방 안의 공기를 들이마셔야 해요. 공기 중에 있는 산소를 들이마시니까 밤에는 방 공기가 나빠져요. 그러니까 아침마다 창문을 열어서 공기를 바꾸는 것이 좋아요. 그래야 신선한 공기가 방 안으로 들어와 공기가 맑아질 테니까요.

숲도 마찬가지예요. 밤이 되면 공기가 살짝 탁해지죠. 나무들이 숨을 쉬면서 산소를 쓰거든요. 숲에는 창문이 없지만

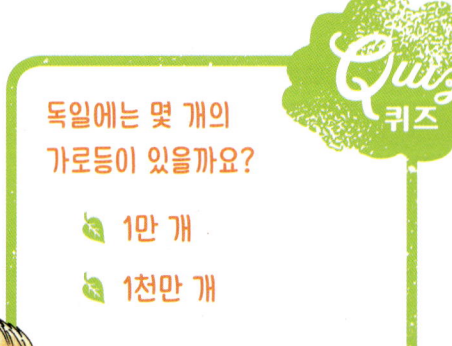

Quiz 퀴즈

독일에는 몇 개의 가로등이 있을까요?

🍃 1만 개
🍃 1천만 개

정답: 1천만 개. 독일에는 가로등이 많은 편이에요. 가로등 아래 있으면 안전하니까요.

그래도 괜찮아요. 아침에 해가 뜨면 잎들이 다시 당분을 만들 테고 그럼 공기에 산소가 많아질 거예요.

숲의 공기는 우리 방 안 공기보다 훨씬 맑아요. 나무는 밤에 우리보다 산소를 적게 쓰거든요. 또 바다에서 바람이 불어와 신선한 공기를 실어다 줘요. 바다에 작은 식물들이 둥둥 떠다니면서 산소를 만들기 때문에 우리는 어디서나 편히 숨을 쉴 수 있어요.

도시의 나무를 도와주고 싶거든 밤에 불을 많이 켜지 않는 게 좋아요. 특히 밤새도록 켜는 가로등은 나무를 무척 괴롭히죠. 방에 밤새도록 불을 켜 놓고 잠을 잔다고 한번 상상해 보세요. 아마 밤새 악몽에 시달릴 것이고 아침에 일어나도 한숨도 못 잔 것처럼 피곤할 거예요. 나무도 우리와 다르지 않답니다. 가로등이 환하면 오래 살지 못해요. 하지만 불 꺼진 도시는 우리에게 너무 위험하겠죠. 밤에 밖에 나가면 깜깜해서 아무것도 안 보일 테니까요. 나무와 사람이 모두 행복한 방법을 찾을 수 있을까요? 그럼 자정까지만 가로등을 켜고 자정이 지나면 꺼 버리는 방법은 어떨까요? 그 시간이면 사람들이 대부분 집에서 잠을 잘 테니까 가로등을 꺼도 큰 문제는 없을 거예요. 그럼 나무도 푹 잘 수 있을 테고요.

동물들 중에는 깜깜한 밤을 더 좋아하는 녀석들이 많아요. 대표적인 동물이 나방이에요. 나방은 달을 보고 날아갈 방향을 정해요. 그런데 가로등이 환하게 켜져 있으면 그것이 달이라고 착각을 해요. 그래서 혼란에 빠져 가로등 주위를 계속 뱅뱅 돌다가 지쳐서 그만 뚝 떨어지고 말지요.

곤충들이 달인 줄 잘못 알고 등을 향해 날아가고 있어요. 빛이 넘치는 도시에서 과연 곤충들은 달을 제대로 찾아갈 수 있을까요?

부엉이는 박쥐처럼 밤에 사냥을 해요. 숲에 살 때는 나무 구멍에 알을 낳아 새끼를 키우지만 도시에선 교회 탑을 둥지로 이용하기도 해요.

도시에는 어떤 동물이 살까요?

도시에서는 사냥을 하지 않아요. 동물들도 그걸 알고 도시로 이사를 와요. 그렇지만 야생 동물들이 사람들과 어울려 잘 살 수 있을까요? 도시에는 도로와 집밖에 없는데 어떻게 살까요?

담비가 자동차 엔진룸에서 다른 담비의 냄새가 나는지 살피고 있어요. 담비는 엔진룸에 먹이를 숨겨 두기도 한답니다.

집은 돌과 콘크리트로 지어요. 높낮이도 다르고 틈새와 모서리가 있고 쑥 들어갔다가 톡 튀어나온 곳도 많아요. 바위하고 비슷하게 생겼죠. 동물들도 우리랑 비슷하게 보고 있어요. 동물들에게 도시는 산이랍니다. 그래서 산에서 살던 동물들은 도시에서도 편히 살아요. 매는 높은 곳에 둥지를 짓고 비둘기를 잡아먹어요. 비둘기는 먹을 것이 많아서 도시를 좋아해요. 도시의 거리나 역 앞에 가면 사람들이 비둘기에게 먹을 것을 주기도 하잖아요.

멧돼지도 도시를 들락거려요. 도로는 좋아하지 않지만 도로나 열차 선로 사이의 작은 수풀에 몸을 숨길 수 있거든요. 거기 숨어 있다가 배가 고프면 사람의 집으로 들어가서 마당에 심은 화초의 알뿌리나 지렁이를 파 먹어요.

늑대도 도시에서 살 수 있어요. 사람들은 늑대를 무서워하지만 눈치채지 못하기도 해요. 늑대를 보고도 늑대인 줄 모르는 경우죠. 루마니아는 늑대가 많이 사는 나라예요. 루마니아 브라소브에 사는 암컷 늑대 한 마리는 매일 도심을 돌아다녀요. 그런데도 아무도 녀석을 보고 무서워하지 않아요. 녀석의 목에는 목 띠가 둘러져 있어요. 연구자들이 채워 놓은 거예요. 목 띠에 작은 송신기가 달려 있어서 녀석이 어디에 있는지 알려 줘요.

시내에서 그 늑대를 본 사람들은 큰 개라고 생각하죠. 설마 늑대가 목줄을 하고 돌아다닐 것이라고 상상이나 하겠어요?

담비도 도시를 사랑해요. 은신처가 많거든요. 지붕 밑의 다락방이나 자동차 엔진룸 같은 곳이죠. 담비는 자동차 엔진룸을 좋아해요. 자동차는 나무 구멍처럼 보송보송하고 따스하거든요. 자동차를 사랑하는 담비가 가끔 엄청나게 화를 낼 때가 있어요. 자동차가 다른 곳에 서 있다가 집에 돌아왔을 때예요. 그곳에 사는 다른 담비가 차에 들어와 오줌으로 영역 표시를 한 거예요. 원래 그 차에 살던 담비가 그 냄새를 맡고는 경쟁자가 자기를 쫓아내려고 한다고 생각하죠. 그래서 화가 나서 엔진룸에 있는 전선을 마구 물어뜯어요. 당연히 차는 망가지고 카센터 신세를 져야겠죠.

Quiz 퀴즈

매는 맹금입니다.
제곱미터당 매가 가장 많이
사는 곳은 어디일까요?

 숲

 베를린

정답: 베를린. 독일자연보호연합의 2015년 베를린에서 100쌍의 매를 발견했습니다. 베를린이 숲보다 제곱미터당 매가 훨씬 많이 살아요.

어쩌다 도시에서 특별한 동물을 발견할 때가 있어요. 앵무새나 화려한 색깔의 오리, 거북 같은 동물이에요. 예전에 누군가가 먼 곳에서 살던 녀석들을 우리의 도시로 데려왔던 거겠죠. 녀석들은 아마 동물원에서 탈출을 했거나 사람들이 집에서 애완용으로 키우다가 버렸을 거예요. 이런 녀석들을 보거든 무턱대고 집으로 데려가지 말고 얼른 야생동물구조센터에 신고를 해야 해요.

벌 같은 작은 동물들도 도시를 사랑해요. 도시에는 여러 종의 꽃이 많이 피어 있거든요. 도로 가에도 정원에도 꽃이 많고 관목이나 풀이 자라는 화단도 곳곳에 많아요. 또 공원도 많아서 벌들이 배불리 꽃꿀을 마실 수 있어요. 도시 근교의 들판에는 벌이 좋아하지 않는 식물들만 자라죠. 우리가 먹는 옥수수, 밀, 감자는 벌한테는 별 도움이 안 되니까요. 요즘엔 도시의 건물 옥상에 벌을 키우는 도시 양봉꾼들이 늘어나고 있답니다.

꽃들은 아름다운 색깔로 벌을 유혹해요.
장미꽃이 벌에게 속삭여요.
"이리 와. 여기 맛난 꽃꿀이 있어."

사진 출처

Peter Wohlleben: 24쪽 아래, 25쪽 가운데, 31쪽 가운데, 51쪽 가운데, 52쪽 가운데, 64쪽 아래(바늘꽃), 65쪽 아래, 85쪽 아래, 뒤표지 저자 사진

Jens Steingasser: 2, 6, 7, 12, 14쪽 가운데, 14쪽 아래, 16쪽 가운데, 23쪽 가운데, 31쪽 아래, 33쪽 위, 37쪽 위, 37쪽 가운데, 40쪽 아래, 45쪽 아래, 47쪽 위, 52쪽 아래, 54쪽 아래, 61쪽 가운데, 62쪽 아래, 70쪽 아래, 72쪽 가운데, 74쪽 아래, 76쪽 가운데, 90쪽 아래, 97, 100쪽 가운데, 101쪽 위, 115쪽 가운데, 116쪽 가운데, 117쪽 위, 페터 볼레벤의 모든 사진

Mauritius: 표지 imageBROKER/Andreas Vitting · 4쪽 imageBROKER/Andreas Jakel (뿌리) · 4쪽 Minden Pictures/Willi Rolfes/NIS (노루) · 4쪽 allOver images/Alamy (집앞 나무) · 5쪽 nature picture library/Sam Hobson (여우) · 5쪽 imageBROKER/Frank Sommariva (나무 균류) · 8/9쪽 allOver images/Alamy · 10쪽 아래 Science Source/SciMAT · 18/19쪽 Minden Pictures/Willi Rolfes/NIS · 27쪽 위 nature picture library/Kim Taylor · 46쪽 아래 imageBROKER/Stefan Auth · 48/49쪽 imageBROKER/AndreasJakel · 50쪽 가운데 United Archives · 57쪽 위 Jaanus Jarva/Alamy · 70쪽 가운데 Klaus Reitmeier/Alamy · 71쪽 Tierfotoagentur/D. Vorbusch · 80쪽 가운데 imageBROKER/Malcolm Schuyl/FLPA · 81쪽 가운데 Richard F. Owens/Alamy · 83쪽 Nigel Cattlin/Alamy · 88/89쪽 imageBROKER/Frank Sommariva · 91쪽 가운데 Klaus Scholz · 93쪽 가운데 Minden Pictures/Michael Durham · 94쪽 가운데 Reiner Bernhardt · 108/109쪽 McPHOTO/Falk Herrmann · 118/119쪽 nature picture library/Sam Hobson · 122쪽 가운데 imageBROKER/Konrad Wothe · 126쪽 가운데 Jiri Hubatka · 127쪽 가운데 Nature Photographers Ltd/Alamy · 127쪽 아래 nature picture library/Stephen Dalton

istock: 4쪽 Andrew Howe (유럽 울새) · 4쪽 Marina Lohrbach (디기탈리스) · 4쪽 RelaxFoto.de (가을의 숲) · 10쪽 가운데 ra-photos · 13쪽 위 AbbieImages · 13쪽 아래 Sabine Hortebusch · 15쪽 BorupFoto · 17쪽 가운데 Ibarrosphoto · 17쪽 아래 Ozgur Donmaz · 21쪽 아래 seraficus · 22쪽 가운데 digital_eye · 28/29쪽 Andrew Howe · 35쪽 위 MikeLane45 · 44쪽 가운데 skhoward · 54쪽 가운데 Danler · 57쪽 가운데 Stephan Hoerold · 58/59쪽 Marina Lohrbach · 60쪽 아래 jopelka · 63쪽 위 russ witherington · 63쪽 아래 Alexander Dunkel · 64쪽 grannyogrimm (블랙베리와 라즈베리) · 64쪽 Marina Lohrbach (디기탈리스) · 65쪽 가운데 Linjerry · 67쪽 Eric Isselee · 73쪽 가운데 Henrik_L · 74쪽 가운데 SteveOehlenschlager · 75쪽 Kyslynskyy · 82쪽 가운데 Astrid860 · 85쪽 위 zokru · 94쪽 아래 kicia_papuga · 95쪽 위 RuudMorijn · 96쪽 가운데 ErikKarits · 101쪽 가운데 Cheryl Davis · 110쪽 가운데 hxdyl · 111쪽 가운데 Sergey05 · 112쪽 가운데 Daniel Pankoke · 113쪽 아래 RT-Images · 121쪽 가운데 RvFf · 121쪽 아래 Franz Wilhelm Franzelin · 123쪽 위 Bill_Anastasiou · 123쪽 가운데 GiorgioMorara · 124쪽 가운데 MichaelUtech · 책 곳곳에 등장하는 활엽수 가지 bgfoto · 책 곳곳에 등장하는 솔방울 달린 침엽수 가지 fotiksonya

Shutterstock: 4쪽 Sergey Novikov (매머드 나무) · 5쪽 Marcel van Os (딱따구리) · 5쪽 Garmasheva Natalia (개미) · 5쪽 Volodymyr Burdiak (눈과 사슴) · 11쪽 위 jaroslava V · 20쪽 가운데 Elisa Manzati · 21쪽 가운데 HHelene (버드나무 씨앗) · 21쪽 가운데 Almaran (너도밤나무 열매) · 26쪽 가운데 kochanowski · 30쪽 가운데 Sue Robinson · 32쪽 가운데 MarclSchauer · 34쪽 가운데 AlekseyKarpenko · 35쪽 아래 Bachkova Natalia · 36쪽 가운데 Bildagentur Zoonar GmbH · 37쪽 아래 Lorna Roberts · 38/39쪽 Sergey Novikov · 41쪽 Jakov Filimonov · 42쪽 아래 Alexander Mazurkevich · 43쪽 가운데 bjonesphotography · 53쪽 Manfred Ruckszio · 56쪽 가운데 Nico Jacobs · 60쪽 가운데 Alex Alekseev · 62쪽 가운데 Severe · 66쪽 가운데 Creative Travel Projects · 68/69쪽 Marcel van Os · 77쪽 위 Marbury · 78/79쪽 Garmasheva Natalia · 84쪽 아래 Janusz Pienkowski · 86쪽 가운데 Platon59 · 87쪽 Steven Ellingson · 92쪽 가운데 Ondrej83 · 98/99 Volodymyr Burdiak · 102쪽 가운데 Vishnevskiy Vasily · 103쪽 위 paulrommer · 103쪽 아래 Marek R. Swadzba · 104쪽 가운데 S.Borisov · 105쪽 위 JA?A!nos NA?Acmeth · 106쪽 가운데 NaturesMomentsuk · 107쪽 아래 TTphoto · 111 PointImages · 114Mr PhotocechCZ · 115Mr Zillmann Reka Imola · 120쪽 가운데 WDG Photo · 125쪽 위 buddhawut · 125쪽 아래 Ernie Janes · 책 곳곳에 등장하는 참나무 잎 OK-SANA · 책 곳곳에 등장하는 담쟁이잎 DeCe